Linksliberaler US-Ökonom John Kenneth Galbraith tot

John Kenneth Galbraith, einer der weltweit einflussreichsten Wirtschaftswissenschaftler, ist am Samstag im Alter von 97 Jahren in den USA gestorben. Sein bedeutendstes Werk war das 1958 veröffentlichte Buch „Gesellschaft im Überfluss", in dem er einen aktiven Staat in der Sozialpolitik forderte. Der linksliberale Harvard-Professor beriet in seiner langen Laufbahn mehrere demokratische US-Präsidenten von Franklin D. Roosevelt bis Bill Clinton. Galbraith wurde am 15. Oktober 1908 in der kanadischen Provinz Ontario geboren. Geprägt wurde er vom großen Börsenkrach von 1929. In einem im Januar 1987 veröffentlichten Artikel sagte er den wenige Monate später eintretenden Börsencrash voraus, weil er zwischen der damaligen Entwicklung und den Ereignissen von 1929 Parallelen erkannte. (ap/Foto: ap)

John Kenneth Galbraith

DIE SOLIDARISCHE GESELLSCHAFT

*Plädoyer für eine moderne
soziale Marktwirtschaft*

Aus dem Amerikanischen
von Thorsten Schmidt

Hoffmann und Campe

Die Originalausgabe erschien 1996 unter dem Titel »The Good Society«
bei Houghton Mifflin, Boston/New York

Die Deutsche Bibliothek – CIP-Einheitsaufnahme
Galbraith, John Kenneth:
Die solidarische Gesellschaft : Plädoyer für eine
moderne soziale Marktwirtschaft / John Kenneth Galbraith.
Aus dem Amerikan. von Thorsten Schmidt.
– 1. Aufl. – Hamburg : Hoffmann und Campe, 1998
Einheitssacht.: The good society <dt.>
ISBN 3-455-11193-9

Copyright © 1996 by John Kenneth Galbraith
Copyright der deutschen Ausgabe
© 1998 by Hoffmann und Campe Verlag, Hamburg
Schutzumschlag: Thomas Bonnie
Foto: Thomas Schmidt
Satz: Fotosatz Otto Gutfreund GmbH, Darmstadt
Druck und Bindung: Clausen & Bosse, Leck
Printed in Germany

INHALT

Danksagungen

Mein erstes Wort des Dankes gilt dem Deutschen Evangelischen Kirchentag, der im Frühsommer 1993 Hunderttausende von Menschen in München zusammenführte und dessen Organisatoren mich gebeten hatten, einen Vortrag über die solidarische Gesellschaft zu halten. Dies war der Anstoß für eine intensive Auseinandersetzung mit diesem Thema, das mich die folgenden beiden Jahre beschäftigte – soweit mir andere Verpflichtungen Zeit dazu ließen. Ich fühlte mich hierin bestärkt durch neuere politische Entwicklungen und die wachsenden sozialen Verwerfungen in den Vereinigten Staaten und anderen Ländern.

Die solidarische Gesellschaft war bereits Thema zahlreicher früherer Bücher und einer Abhandlung von Walter Lippmann aus dem Jahre 1937, die auf breite öffentliche Resonanz stieß. Mir ging es nicht darum, diesen mustergültigen Ansprüchen nachzueifern. Der Titel *Die solidarische Gesellschaft* bringt lediglich mit der größtmöglichen Prägnanz das Anliegen meines Aufsatzes zum Ausdruck.

Wie immer danke ich meinen Kollegen von der Universität Harvard, mit denen ich über diese Fragen diskutierte, und meinem Sohn, James Galbraith, Professor an der University of Texas, der mir Zugang zu seiner hervorragenden Datenbank verschaffte. Andrea Williams, meine Freundin und Mitarbeiterin seit nunmehr siebenunddreißig Jahren, hat, wie schon so oft, mit ihren hervorragenden redaktionellen Fähigkeiten, ihrem Humor und ihrer über Jahrzehnte gewachsenen geduldigen Beharrlichkeit dafür gesorgt, daß meine Prosa bei den Kritikern weder Bestürzung noch Mitleid auslöst. Ihr gilt mein aufrichtiger Dank. Brooke Palmer, meine überaus tüchtige Assistentin, hat mich mit viel Takt und Geschick vor anderweitigen Beanspruchungen abgeschirmt, so daß ich genügend Muße zu, wie ich hoffe, gründlicher Reflexion fand. Ein besonderes Dankeschön meinem Verlag, der Houghton Mifflin Company, mit dem ich seit fast fünfzig Jahren eng verbunden bin. Selten haben ein Autor und ein Verlag so lange Zeit so einvernehmlich zusammengearbeitet.

Und schließlich hat mich Catherine Atwater Galbraith, wie so oft, auf ihre liebenswerte und überaus geduldige Weise beim Schreiben dieses Buches unterstützt. Das Schicksal wollte es, daß mir die ursprüngliche Eingebung zu diesem Buch ausgerechnet in München kam, dem Ort, an dem sie selbst einen erheblichen Teil ihrer eigenen akademischen Ausbildung absolvierte. Seit einem strahlenden Tag im Herbst 1937 hat sie all meine Projekte mit Worten der Ermunterung und mit großherziger Toleranz begleitet. Kitty gilt mein besonderer Dank und meine Liebe.

JOHN KENNETH GALBRAITH
Cambridge, Massachusetts
November 1995

Für Sissela und Derek Bok

1. Die solidarische Gesellschaft

Keine der bedeutenden Nationen der Welt neigt in solchem Maße zu kritischer Selbstbetrachtung wie die Vereinigten Staaten. Kein Tag vergeht, ohne daß – in der Presse, in Funk oder Fernsehen, in einem Artikel oder einem Buch in gezwungener und mitunter zwingender Rhetorik – ein nachdenklicher Kommentator zu gesellschaftlichen Mißständen und möglichen Abhilfemaßnahmen Stellung nimmt. Dies gilt, wenngleich in geringerem Maße, auch für die übrigen Industrienationen – Großbritannien, Kanada, Frankreich, Deutschland sowie andere europäische Staaten und Japan. Dagegen läßt sich nichts einwenden; denn eine solche Selbsterforschung ist sehr viel besser und aufschlußreicher als die leichtherzige Annahme, es sei schon alles bestens. Bevor man erkennen kann, was richtig wäre, muß man wissen, was falsch ist.

Es gibt jedoch noch eine andere, weniger geläufige Vorgehensweise, die darin besteht, exakt zu definieren, was das Richtige wäre. Wie könnte eine solidarische Gesellschaft aussehen? Nach welchen – so präzise wie möglich festzusetzenden – Zielen sollten wir streben? Welche *realistische* Möglichkeit gibt es, die tragische Kluft zwischen den Reichen und den Bedürftigen zu schließen? Wie kann die Wirtschaftspolitik einen Beitrag hierzu leisten? Wie lassen sich die öffentlichen Leistungen des Staates gerechter und effizienter verfügbar machen? Wie können wir die Umwelt heute und in Zukunft schützen? Wie steht es mit der Einwanderung, der Migration und den Gastarbeitern? Wie mit der Macht des Militärs? Welche Politik sollte die solidarische Gesellschaft angesichts der zunehmenden internationalen Verflechtung gegenüber ihren Handelspartnern und Nachbarn sowie gegenüber den Armen der Erde verfolgen? Die Verantwortung für wirtschaftliches und soziales Wohlergehen ist universell und grenzüberschreitend. Menschen sind Menschen, gleich, wo sie leben. Die Pflicht zur Fürsorge für die Menschen, die unter Hunger, sonstigen Entbehrungen und Krankheiten leiden, endet nicht an den Grenzen eines Staates. Dennoch wird keine grundlegende Wahrheit so konsequent ignoriert bzw., mitunter, so heftig attackiert.

Dieses Buch möchte aufzeigen, was das Richtige wäre. Es ist klar, daß wir hierbei mit einem schwierigen Problem konfrontiert sind, denn wir müssen eine Unterscheidung treffen – eine Grenze ziehen – zwischen dem Idealen und dem Machbaren. Diese Aufgabe und das Ergebnis mögen politisch nicht sonderlich populär sein, insbesondere in einem Gemeinwesen, in dem, wie zu zeigen sein wird, die Reichen an den Schalthebeln der gesellschaftlichen und politischen Macht sitzen. Das Bemühen um die Definition und die Verwirklichung der solidarischen Gesellschaft mag durchaus die Sache einer Minderheit sein, aber immer noch besser, eine Minderheit bemüht sich darum als gar niemand. Vielleicht werden die Begüterten immerhin in ihrem Wohlbefinden ein wenig inkommodiert und zum Nachdenken gebracht. Jedenfalls besteht nur dann die Aussicht auf eine bessere Gesellschaft, wenn wir zuvor die wesentlichen Merkmale einer realisierbaren solidarischen Gesellschaft klar definieren.

Wir werden in diesem Buch also das Machbare und nicht das Ideale beschreiben. Das Projekt einer vollkommenen Gesellschaft hat im Lauf der Jahrhunderte zahlreiche Gelehrte und nicht wenige der bedeutendsten Philosophen in seinen Bann gezogen. Zugleich wurde es jedoch immer wieder als »pure Utopie« abgetan. Die Wirklichkeit unterliegt Zwängen, die ihr durch die menschliche Natur, die Geschichte und tiefverwurzelte Denkmuster auferlegt werden. Außerdem gibt es verfassungsrechtliche Einschränkungen, festverankerte Gesetzgebungsverfahren und Kontrollen, die mit dem System der politischen Parteien zusammenhängen. Und da ist die feste institutionelle Struktur der Wirtschaft – die Aktiengesellschaften und die übrigen großen und kleinen Unternehmen –, von der ebenfalls Beschränkungen ausgehen. In sämtlichen Industriestaaten wird die Konsumgüter und Dienstleistungen produzierende Konsumwirtschaft als die primäre Quelle von Zufriedenheit und Genuß und als das sichtbarste Maß gesellschaftlichen Erfolgs betrachtet. Zudem besteht das noch dringendere Bedürfnis nach dem Einkommen aus dem Produktionsprozeß. In der modernen Volkswirtschaft ist der Beschäftigungseffekt der Produktion heutzutage sonderbarerweise wichtiger als die Versorgung mit Gütern und Dienstleistungen.

Eine pragmatische Definition der solidarischen Gesellschaft muß daher die institutionelle Struktur und die unwandelbaren Eigenschaften des Menschen in Rechnung stellen. Sie machen den Unterschied zwischen dem Utopischen und dem Erreichbaren, zwischen schönem Traum und dem letztendlich Möglichen aus.

Die Definition des Machbaren ist das schwierigste Problem in einem Essay wie diesem; es ist auch das umstrittenste. Eine dringend erforderliche Maßnahme als politisch oder gesellschaftlich unmöglich hinzustellen ist die erste (und manchmal die einzige) Verteidigungslinie gegen unerwünschten Wandel.

Dieses Buch beschreibt die solidarische Gesellschaft, die realisierbar ist. Es nimmt zur Kenntnis, daß es gewisse Schranken gibt, die nicht beseitigt werden können und daher akzeptiert werden müssen. Doch es gibt auch Ziele, bei denen keine Kompromisse möglich sind. Die solidarische Gesellschaft muß all ihren Bürgern persönliche Freiheit, Befriedigung der Grundbedürfnisse, rassische und ethnische Gleichberechtigung und die Chance zu einem erfüllten Leben gewährleisten. Nichts versagt dem einzelnen so radikal jegliche Entfaltungsmöglichkeit wie die völlige Mittellosigkeit oder beeinträchtigt sie so sehr wie relative Einkommensarmut. In den Jahren des Kommunismus wäre es möglicherweise keine besonders kluge Entscheidung gewesen, die politischen Freiheitsbeschränkungen des Ostberliners gegen jene Einschränkungen einzutauschen, die die Armut den bedürftigsten Bewohnern der South Bronx in New York aufbürdet. Andererseits werden gesamtgesellschaftlich nützliche Bemühungen durch nichts so stark stimuliert wie durch die Aussicht auf Entgelt, und zwar sowohl wegen der materiellen Freiheit, die Geld verschafft, als auch, gar nicht so selten, wegen der Freude am bloßen Besitz. Auch das muß die solidarische Gesellschaft als gegeben akzeptieren. Dies sind nun einmal beherrschende Motivationen.

So wie wir uns einerseits mit bestimmten Gestaltungskräften, von denen manche tief in der menschlichen Natur verwurzelt sind, abfinden müssen, so gibt es andererseits Zwänge, mit denen sich die solidarische Gesellschaft nicht abfinden kann und darf. Gemeinwohlfördernde Veränderungen werden regelmäßig aus wohlverstandenem Eigennutz abgelehnt. In dem bedeutendsten gegenwärtigen Fall lehnen die Wohlsituierten staatliche Maßnahmen zugunsten der Armen mit der Begründung ab, dies sei nur über Steuererhöhungen bzw. durch die Nichteinlösung des Versprechens von Steuersenkungen zu erreichen. Dies darf die solidarische Gesellschaft nicht hinnehmen. Die scheinbar unüberwindliche Einschränkung besteht hier eigentlich in einer politischen Haltung, die genau jene Verhältnisse unterstützt und bewahrt, die geändert werden müßten. Die Schutzbehauptung, eine Maßnahme sei zwar gut, aber politisch nicht durchsetzbar, dient in aller Regel dazu, ein Interesse zu verteidigen, das dem gesamtgesellschaftlichen Wohl zuwiderläuft.

Es liegt in der Natur einer privilegierten Position, daß sie ihre eigene politische Rechtfertigung und oftmals auch die ihr dienlichste Wirtschafts- und Sozialdoktrin entwickelt. Niemand möchte sich selbst eingestehen, daß sein persönliches Wohlergehen im Gegensatz steht zum Wohl der Allgemeinheit. Es ist daher durchaus verständlich, wenn zur Verteidigung des Eigennutzes eine plausible oder nötigenfalls auch eher unglaubwürdige Ideologie erfunden wird. Für diese Aufgabe steht ein ganzes Heer williger und begabter Helfershelfer bereit. Und eine solche Ideologie gewinnt in dem Maße an Durchsetzungskraft, wie die Zahl der Begünstigten zunimmt. Auf den folgenden Seiten möchte ich dieser allgemeinen Tendenz entschieden entgegentreten, insbesondere dann, wenn sie, wie so häufig, dem umfassenderen und dringlicheren öffentlichen Interesse zuwiderläuft.

2. Die Macht der Geschichte

In dem vor einigen Jahren erschienenen Buch *Die Herrschaft der Bankrotteure* wies ich darauf hin, daß in den reichen Staaten der Erde, und insbesondere in den Vereinigten Staaten, eine neue politische Dialektik am Werk ist. Einst gab es Arbeitgeber und Arbeitnehmer; den – kleinen und großen – Kapitalisten und die arbeitende Masse, die in wechselnden Beziehungen zu den Grundeigentümern, den Kleinbauern und, in den USA, den unabhängigen Farmern stand. Man hat von jeher versucht, die gegenläufigen Interessen miteinander in Einklang zu bringen: Das System als Ganzes sollte den Interessen aller dienen; die überragende Bedeutung der in der Verfassung verankerten Demokratie sollte die Freiheitsrechte des einzelnen verbürgen und für einen einigermaßen friedlichen Ausgleich der immanenten Interessengegensätze sorgen; alles schien zum besten geregelt.

Dennoch wohnte den allgemein anerkannten wirtschaftlichen und politischen Anschauungen ein Widerspruch inne, der die Entwicklung der modernen Politik in den Vereinigten Staaten, Westeuropa und Japan nachhaltig beeinflußte. Einerseits gab es die Liberalen, wie man die Anhänger dieser politischen Richtung in den Vereinigten Staaten nannte, bzw. die Sozialisten und Sozialdemokraten, wie sie andernorts hießen; und andererseits die Konservativen, die sich für die Interessen der Wirtschaft einsetzten oder diese doch zumindest akzeptierten. In der politischen Praxis gab es zahlreiche Mischformen und Zugeständnisse, die eine Seite der anderen oftmals widerstrebend abgerungen hat. Grundlegendere Fragen – Frieden und Krieg, religiöse Bindung, ethnische und rassische Gleichberechtigung – kamen ins Spiel. In den Vereinigten Staaten trug die zahlenmäßig große Landbevölkerung dazu bei, den Konflikt zu mildern. Dennoch bleib die grundlegende Dichotomie von Kapital und Arbeit immer bestehen, und sie wurde, um es nochmals zu sagen, in der politischen Theorie und Praxis immer als gegeben gesehen.

Heute kann sie nicht länger vorausgesetzt werden. Die alte Dichotomie besteht zwar im öffentlichen Bewußtsein fort, in das sie sich dank ihrer langen und leidenschaftlichen Geschichte tief eingeschrieben hat. Doch in der modernen Wirtschaft und Gesellschaft hat sich die Trennungslinie verlagert, und dies gilt für alle wirtschaftlich hochentwickelten Staaten. Auf der einen Seite stehen heute die Reichen, die Wohlsituierten und die sozial Aufstrebenden, auf der anderen Seite die wirtschaftlich weniger Erfolgreichen und die Armen, zusammen mit der beträchtlichen Zahl derer, die aus sozialem Verantwortungsgefühl oder Mitleid für die Belange der Benachteiligten oder für eine humanere Welt eintreten. Dies ist die wirtschaftliche und politische Trennlinie unserer Zeit.

Die Begüterten und Wohlsituierten bilden heute eine sehr viel größere und in sich mannigfaltigere Gruppe als die einstige Klasse der Kapitalisten, und sie verschaffen sich auch sehr viel nachdrücklicher politisches Gehör. (Die Großkapitalisten übten oftmals eine gewisse Zurückhaltung bei der öffentlichen Durchsetzung ihrer Interessen.) Zu den Benachteiligten gehören die Armen in den Großstädten, die kleinen Angestellten in den Dienstleistungsbranchen, die nicht vermittelbaren Arbeitskräfte und die Erwerbslosen; aber auch diejenigen, die noch immer wegen ihrer Rasse, ihres Geschlechts oder ihres Alters diskriminiert werden oder die erst in jüngster Zeit und manchmal auf illegalem Wege eingewandert sind. Sie alle sind weitgehend ohne politische Stimme; auch wenn sie von nicht wenigen Mitgliedern der begüterten Schichten, die Anteilnahme empfinden und zum Ausdruck bringen, unterstützt und repräsentiert werden.

Dies ist, in kurzen Worten, die moderne politische Dialektik. Es ist eine ungleiche Auseinandersetzung: Die Reichen und Wohlversorgten haben Einfluß und Geld. Und sie gehen zur Wahl. Die Engagierten und Armen hingegen sind zwar Legion, doch viele der Armen gehen leider nicht zur Wahl. Wir haben zwar eine Demokratie, aber dies ist in nicht geringem Maße eine Demokratie der Vermögenden.

Die Rolle des Staates wird nun von beiden Gruppierungen bekanntermaßen völlig gegensätzlich bewertet. So kann der Staat für die Wohlfahrt der Armen und mitunter sogar für das nackte Überleben einzelner von entscheidender Bedeutung sein. Umgekehrt ist der Staat für die Reichen und Begüterten eine Bürde, es sei denn, er dient ihren besonderen Interessen, wie dies bei den Verteidigungsausgaben, der Sozialversicherung und der Rettung bankrotter Finanzinstitute der Fall ist. Dann hört er plötzlich auf, eine Last zu sein und wird zu einer öffentlichen Notwendigkeit, einem öffentlichen Gut – Huldigungen, die ihm nicht zuteil werden, solange er den Armen hilft.

Bei den Wahlen zum Kongreß und zu den bundesstaatlichen Parlamenten, die im Herbst 1994 stattfanden, kam es in den Vereinigten Staaten zu einem massiven politischen Rechtsruck. Der wichtigste Streitpunkt war – mit den bereits genannten Ausnahmen – die gerade erwähnte Rolle des Staates und seine Kosten. Allerdings war der Sieg in quantitativer Hinsicht lange nicht so durchschlagend, wie dies gelegentlich behauptet wurde. Weniger als die Hälfte der Wahlberechtigten gingen überhaupt zu den Urnen, und so gewannen die siegreichen Kandidaten mit lediglich einem knappen Viertel der Stimmen aller Wahlberechtigten. Obgleich ich bereits einige Zeit vor der Wahl mit der Arbeit an diesem Buch begonnen hatte, bekräftigte der Wahlausgang doch noch einmal die Zielsetzung dieses Buches, die darin besteht, konkret darzutun, wie dem Wohl nicht nur der Reichen, sondern aller Bürger gedient werden kann.

Es könnte nun den Anschein haben, als gehe dies über das Machbare hinaus, das wir eingangs erörtert haben. Gewiß werden diejenigen, die Politik unter einem scheinbar pragmatischen Gesichtswinkel betrachten, dies so sehen und auch behaupten. Der Zug der Zeit geht jedoch in die entgegengesetzte Richtung. Lassen wir uns den Blick auf die Wirklichkeit nicht durch Phantasiegebilde verschleiern: in den Vereinigten Staaten definiert ein einflußreicher Teil der Medien die gegenwärtig populäre politische Einstellung als die Wahrheit schlechthin.

Dies aber bedeutet, eine grundlegende Wahrheit zu ignorieren und die fundamentalere Dynamik der Geschichte zu verkennen, die stärker ist als alle gegenwärtigen Aktionen und Reaktionen und die einen gestaltenden Einfluß ausübt. Es ist der Stolz der Liberalen und die politische Überzeugung der Konservativen, daß sie das soziale Programm bestimmen; in Wirklichkeit aber wird es von tiefgreifenderen historischen Entwicklungstendenzen geprägt. An diese gilt es sich anzupassen, und Liberale, Sozialdemokraten und sogenannte Sozialisten in den hochentwickelten Nationen haben von jeher als Schrittmacher bzw.

Vorreiter dieser Anpassung fungiert. Folglich wurden sie auch als die eigentlichen Architekten des sozialen Wandels betrachtet; viele haben sich dies als Verdienst angerechnet, und die Konservativen haben ihnen nahezu einhellig die Verantwortung und die Schuld daran aufgebürdet. Doch in Wirklichkeit ist die Geschichte der gestaltende Faktor. Schon ein kurzer Blick auf den grundlegenden Sachverhalt genügt, um dies zu erkennen.

Bis in die ersten Jahrzehnte des 20. Jahrhunderts hinein waren die Vereinigten Staaten weitgehend ein Agrarland. Noch zur Zeit der Weltwirtschaftskrise in den dreißiger Jahren war annähernd die Hälfte aller Erwerbstätigen in der Landwirtschaft beschäftigt. Viele weitere Erwerbspersonen waren in kleinen Einzelhandels-, Dienstleistungs- und sonstigen Betrieben von örtlicher Bedeutung tätig. Unter diesen wirtschaftlichen und sozialen Rahmenbedingungen bestand kein dringendes Bedürfnis nach einer Sozialversicherung – einer der bedeutendsten Reformen der damaligen Zeit –, denn hier sorgte die jeweils folgende Generation für die vorausgehende. Oder die nötigen Mittel für den Lebensunterhalt während der – aufgrund der geringen Lebenserwartung – kurzen Zeit des Ruhestandes wurden durch Veräußerung der Farm oder des Kleinbetriebs aufgebracht. Es war die Verlängerung der Lebenserwartung, die durch die moderne Medizin erreicht wurde, aber auch – und vor allem – das rasche Wachstum industrieller Ballungszentren und der dort gebotenen Arbeitsplätze, nicht dagegen der politische Druck von Liberalen und Sozialisten, die die Einführung einer Sozialversicherung notwendig machten.

Auch die Arbeitslosigkeit wurde erst durch die Industrialisierung und Verstädterung zu einem Problem. In der traditionellen Agrargesellschaft gab es dieses Problem nicht, denn auf den Bauernhöfen und in den übrigen Bereichen der Landwirtschaft gab es immer genügend Arbeit. (Während der Weltwirtschaftskrise verdingten sich Millionen städtischer Arbeiter in den Vereinigten Staaten auf Farmen oder suchten sich sonstwie eine Existenz in der Landwirtschaft.) Aufgrund der industriellen Entwicklung und der Verstädterung wurde eine Arbeitslosenversicherung unverzichtbar.

Die moderne Krankenversicherung ist ebenfalls das Resultat historischer Entwicklungen. Bis weit in die Neuzeit hinein war das medizinische Wissen und damit auch die Möglichkeit der Heilung von Krankheiten begrenzt. Der Hausarzt konnte wenig ausrichten; die Lebenserwartung war gering, der Tod ließ sich nicht abwenden, und die Kosten hielten sich in Grenzen. Erst die enorme Zunahme und Verbesserung der medizinischen und chirurgischen Behandlungsmöglichkeiten machte Krankenversicherungen wünschenswert, ja notwendig. Diese Entwicklung gab die entscheidenden Anstöße. Ein früher Tod mußte nun nicht mehr das unabwendbare Schicksal der Armen und der Durchschnittsverdiener sein.

Der einfache Lebensstandard früherer, noch keineswegs lange zurückliegender Zeiten warf auch nur wenig Probleme im Hinblick auf Produktsicherheit bzw. -zuverlässigkeit auf. Grundnahrungsmittel, Kleidung und Wohnraum konnten vom Käufer recht angemessen beurteilt werden; es bedurfte keiner eingehenden Information. Bis in jüngere Vergangenheit hinein gingen von der Landwirtschaft und der Industrie, aber auch von den Einzelhandelsgeschäften und den Zulieferern kaum negative Umwelteinflüsse aus. Heutzutage dagegen müssen die Verbraucher und die Umwelt aufgrund der zunehmenden Expansion und Komplexität der Volkswirtschaft geschützt werden.

Doch damit nicht genug. In den Vereinigten Staaten waren die Armen früher weitgehend unsichtbar, auch wenn niemand an ihrer Entwürdigung und ihrem Elend zweifeln konnte – mittellose Schwarze lebten im Abseits auf den Farmen und Plantagen der landwirtschaftlich geprägten Südstaaten, dürftig ernährt und gekleidet, in primitiven Unterkünften, ohne richtige Schulen und ohne Bürgerrechte. Viele arme Weiße vegetierten, von der Öffentlichkeit nicht wahrgenommen, im Bergland der Appalachen. Armut stellte sich nicht als Problem, solange sie weit weg außer Sichtweite war. Erst als die Bedürftigen aufgrund des wirtschaftlichen, politischen und sozialen Wandels in die Städte abwanderten, wurde die Wohlfahrt zu einem öffentlichen Anliegen, da die Armen jetzt in unmittelbarer Nachbarschaft und in krassem Gegensatz zu den relativ Wohlhabenden lebten.

Die Macht der Geschichte erstreckt sich auch auf die Außenpolitik. Bevor die Vereinigten Staaten zu einer Weltmacht wurden, war das US-Außenministerium eine kleine, komfortable Enklave gebildeter Gentlemen, die einer wenig mühevollen Routinetätigkeit ohne große Bedeutung nachgingen. Erst als die USA eine wichtige Rolle auf der internationalen Bühne zu spielen begannen und erst mit dem Ende des Kolonialismus, das zu den Problemen und Konflikten der armen Länder führte, die Frage der Wirtschaftshilfe aufwarf und mehrfach militärische Interventionen zur Wiederherstellung von Frieden und Ordnung notwendig machte, erhielt die US-Außenpolitik einen hohen Stellenwert.

Der Irrtum besteht nun in der unter Liberalen wie Konservativen in den Vereinigten Staaten verbreiteten Meinung, es seien die Liberalen gewesen, die den Staat zu einer starken, sich in alles hineindrängenden Macht ausgebaut hätten. Beide Gruppierungen möchten gern glauben, daß politische Beschlüsse und Maßnahmen die eigentlichen Gestaltungsfaktoren der gesellschaftlichen Verhältnisse seien. Und daraus leitet sich die konservative Grundüberzeugung ab, die Sozial- und Wirtschaftspolitik lasse sich rückgängig machen; die Auffassung wird nicht nur in den Vereinigten Staaten, sondern auch in Frankreich, Kanada und seit vielen Jahren in Großbritannien verteten, wo die Tories eine ähnliche Überzeugung haben bzw. hatten.

Die Geschichte aber als die eigentliche Quelle des Wandels läßt sich nicht zurückdrehen. Der neue US-Kongreß, der zu Beginn des Jahres 1995 seine Arbeit aufnahm und in dem die Konservativen eine satte Mehrheit haben, bekundete seinen Willen zum drastischen Abbau der sozialen Leistungen, des modernen staatlichen Verwaltungsapparats und der Aufgaben des Staates insgesamt. So lautete das ebenso weitreichende wie allgemein gehaltene Versprechen. Darauf folgten die konkreten gesetzgeberischen Schritte, der Angriff auf spezifische Aufgaben und Gesetze. Mittlerweile zeigt sich indes, daß diese Maßnahmen keineswegs populär sind; einmal mehr sehen wir den nicht ungewöhnlichen Konflikt zwischen allgemeiner Theorie und konkreten Maßnahmen. Abgesehen vielleicht von einigen spektakulären und öffentlich hochgespielten Ausnahmen, werden der Sozialstaat und dessen wesentliche Programme überleben, denn die grundlegende geschichtliche Dynamik läßt sich nicht überspielen.

Die öffentlichen und politischen Maßnahmen, die ich auf den folgenden Seiten vorschlagen werde, stehen in Einklang mit den vorstehend erwähnten historischen Gestaltungskräften. Die Anpassung an historische Entwicklungstendenzen läßt sich jedoch verbessern und humaner gestalten, um den schutzlosesten Menschen ein besseres

Leben zu ermöglichen. Dies ist, um es noch einmal zu sagen, das Thema dieses Buches. Wir müssen nun zwei Fragen beantworten: Worin besteht das Wesen der solidarischen Gesellschaft innerhalb des umfassenderen geschichtlichen Rahmens? Wie können wir allen Menschen eine sicherere und bessere Zukunft verschaffen?

3. Das Zeitalter des Pragmatismus

Von jeher wurde die Wirtschaft ideologisch definiert. Es gibt den Liberalismus, den Sozialismus und den Kapitalismus; man ist ein Liberaler oder ein Sozialist oder ein Anhänger der freien Marktwirtschaft. Man tritt entweder für Verstaatlichung oder, wie in jüngster Zeit, für Privatisierung ein. Das sind die herrschenden Regeln, in deren Rahmen wir uns bewegen.

Es gibt jedoch heutzutage keinen größeren und leidenschaftlicher verfochtenen Irrtum. In der modernen Wirtschaft und Politik stellt jede Identifizierung mit einer Ideologie eine Flucht vor unliebsamem Denken dar: Man begnügt sich mit allgemeinen und banalen Formeln, statt auf den konkreten Einzelfall abgestimmte Entscheidungen zu treffen. Ein Blick auf das Wesentlichste der gegenwärtigen Verhältnisse verdeutlicht dies.

Eines der Kennzeichen der solidarischen Wirtschaftsordnung ist die effiziente Produktion von Gütern und Dienstleistungen und die sozial gerechte und ökonomisch zweckmäßige Verteilung der so erwirtschafteten Erträge. Es steht außer Frage, daß die moderne Marktwirtschaft in den fortgeschrittenen Industrienationen eine geradezu verschwenderische Fülle hochwertiger Konsumgüter und Dienstleistungen produziert. Sie stellt nicht nur Nahrungsmittel, Kleidung, Möbel, Kraftfahrzeuge, Unterhaltungsangebote und vieles mehr in großer Vielfalt bereit, sondern sie geht sogar so weit, die Bedürfnisse, die sie auf diese Weise befriedigt, selbst zu erzeugen. Die Souveränität des Verbrauchers ist eine der Lieblingsideen der wirtschaftswissenschaftlichen Lehre; daß diese Souveränität in erheblichem Umfang an jene abgetreten wurde, die ihr eigentlich dienen sollten, wird beharrlich geleugnet. Dabei sticht nichts deutlicher ins Auge als die modernen Werbe- und Marketingaktivitäten. Wirtschaftswissenschaftler, die sich der herrschenden Denkrichtung kompromißlos verschrieben haben, sehen leider nicht fern!

Es widerspricht daher jeglicher Vernunft, wenn der Staat die Aufgabe übernimmt, seine Bürger mit Konsumgütern und Dienstleistungen zu versorgen. Die Präsentation – im Fernsehen und in anderen modernen Medien – der offenkundigen Fülle und Vielfalt materiellen Besitzes in den westlichen Staaten war einer der Faktoren, die die sozialistischen Regime in Osteuropa und der ehemaligen Sowjetunion destabilisierten. Die Tatsache, daß sie nicht in der Lage gewesen waren, ihre Bürger mit Gütern und Dienstleistungen in den gewünschten Mengen, Stilen und sich wandelnden Moden zu versorgen, hat ganz erheblich zu ihrem Niedergang beigetragen. In der Konsumwirtschaft für Sozialismus und Verstaatlichung zu plädieren, grenzt an Phantasterei, und genauso wirklichkeitsfremd ist es, diese Forderung gegenüber den Anlagenbauern – den Herstellern von Investitionsgütern –, deren Maschinen diese Fülle von Konsumgütern produzieren, zu erheben.

Das traditionelle Argument, das für den Sozialismus ins Feld geführt wurde, verdiente da schon mehr öffentliche Aufmerksamkeit. Es drehte sich um den Besitz von Macht und steht bei manchen Gesellschaftskritikern bis heute im Zentrum ihrer Analysen. Das Privateigentum an Kapital und an den übrigen Produktionsmitteln; die Masse der von den Kapitaleignern beschäftigten und weitgehend abhängigen Arbeiter; das so akkumulierte Privatvermögen und die enge Verstrickung mit dem Staat verliehen einst weitreichende Macht. Daran besteht kein Zweifel. Marx und Engels schrieben im *Kommunistischen Manifest* ohne große Übertreibung: »Die moderne Staatsgewalt ist nur ein Ausschuß, der die gemeinschaftlichen Geschäfte der ganzen Bourgeoisieklasse verwaltet.«

Es steht außer Zweifel, daß die Macht noch immer aufs engste mit dem Eigentum an Kapital verknüpft ist. Doch in den Großkonzernen unserer Tage liegen Eigentum und Verfügungsgewalt in der Regel nicht mehr in ein und derselben Hand. Die großen kapitalistischen Unternehmer, die gleichzeitig Eigentümer und Manager waren – Vanderbilt, Rockefeller, Morgan, Harriman in den Vereinigten Staaten und ihre Kollegen in anderen Ländern –, sind endgültig verschwunden. An ihre Stelle trat einerseits eine aufgeblähte, oftmals träge Unternehmensbürokratie und andererseits die auf Gewinnmaximierung bedachten, aber keine effiziente Kontrolle ausübenden Aktionäre. Monopolmacht – die Ausbeutung der Verbraucher durch Preise, die nicht durch den Wettbewerb begrenzt werden und gegen die sich einst die US-amerikanischen Antitrustgesetze richteten – wurde durch internationalen Wettbewerb und durch rasanten technologischen Wandel abgelöst. Die bahnbrechenden Innovationen von heute sind morgen schon wieder veraltet. Während einst die Macht der Großunternehmen im Kreuzfeuer der Kritik stand, wird heute vor allem die Trägheit und Inkompetenz der Unternehmensleitungen gerügt. Ein Teil der Energie, die die Führungskräfte einst darauf verwandten, Arbeiter und Verbraucher auszubeuten, nutzen sie jetzt dazu, ihre persönliche Stellung in der Firmenhierarchie und, insbesondere, ihre Vergütung zu halten oder zu verbessern. Das Streben nach persönlicher Gewinnmaximierung, diese weithin gepriesene Triebfeder wirtschaftlichen Handelns, hat mittlerweile auch diejenigen erfaßt, die die Unternehmen eigentlich im Interesse der Eigentümer leiten sollten.

Dies allerdings bedeutet nun nicht, daß die Ausübung politischer Macht – die Gestaltung staatlicher und gesellschaftlicher Verhältnisse insgesamt – verschwunden ist. Nach wie vor bringen kleine und große Unternehmen, einzeln und als Branchenzusammenschlüsse, ihre ökonomischen Interessen im modernen Gemeinwesen nachhaltig und wirkungsvoll zur Geltung. Doch sind sie heute Teil einer viel umfassenderen Gemeinschaft mit politischer Stimme und politischem Gewicht, die durch die wirtschaftliche Entwicklung selbst hervorgebracht wurde.

Einst gab es neben den Kapitalisten nur noch das Proletariat, die Kleinbauern und die Grundeigentümer. Mit Ausnahme der Grundeigentümer waren diese gefügig und passiv. Heute dagegen gibt es Wissenschaftler, Studenten, Journalisten, Fernsehproduzenten, Rechtsanwälte und Ärzte und viele andere mehr. Alle setzen sich öffentlich für ihre Interessen ein. Die Stimme der Unternehmerschaft ist nur noch eine unter vielen. Jene, die es einst auf sie abgesehen hatten, um die Vorzüge des Kollektiveigentums dagegenzusetzen, sind im dichten Nebel der Geschichte verschwunden. Auch die Erfahrungen der Staaten, die das Kollektiveigentum während der letzten achtzig Jahre zum Regelfall erklärten – die Sowjetunion, die übrigen Länder Osteuropas und China –, deuten nicht gerade darauf hin, daß dadurch der Freiheitsspielraum des Individuums erweitert wurde. Ganz im Gegenteil. Demgemäß ist das Hauptargument für den Sozialismus weggefallen. Dies wird auch allgemein anerkannt. Zwar gibt es noch immer sozialistische Parteien, doch diese haben offenbar die Forderung nach Verstaatlichung in ihrem traditionellen, umfassenden Sinne fallengelassen. So hat etwa die britische Labour Party die Klausel Nummer vier ihres Parteiprogramms, die eine entsprechende Politik forderte und lange Zeit als ein romantisches Relikt aus der Vergangenheit betrachtet wurde, ersatzlos gestrichen.

Auch wenn der Sozialismus nicht mehr als das maßgebliche Paradigma für die gute, ja überzeugende Gesellschaftsform gesehen wird, gilt dies doch ebensowenig für den Kapitalismus in seiner klassischen Form. Entscheidend ist die Tatsache, daß die moderne Volkswirtschaft im Zuge ihrer Entwicklung und Expansion dem Staat immer mehr Aufgaben aufgebürdet hat. Da sind zum einen die Leistungen, die die Privatwirtschaft grundsätzlich nicht erbringt, und zum anderen entsteht mit dem wirtschaftlichen Aufstieg eine wachsende und immer beschämendere Diskrepanz zwischen den privaten und den öffentlichen Aufwendungen. Teuer produzierte Fernsehprogramme werden Kindern gezeigt, die schlechte öffentliche Schulen besuchen. Die Häuser in den besseren Wohnvierteln der Städte sind elegant und sauber, während die Straßen und die Gehsteige, an denen diese Häuser liegen, schmutzig sind. In den Buchhandlungen gibt es ein reichhaltiges Angebot unterschiedlichster Bücher, nicht aber in den öffentlichen Bibliotheken. Darüber später mehr.

Darüber hinaus gibt es ein breites Spektrum öffentlicher Infrastrukturleistungen, die für ein effizientes Funktionieren der Privatwirtschaft unerläßlich sind. Je höher sich eine Volkswirtschaft entwickelt, um so dringender werden diese benötigt. Die Ausweitung des Handels erfordert den Ausbau des Straßennetzes; die Zunahme des privaten Verbrauchs bedeutet mehr Abfallbeseitigung; die Zunahme des Luftverkehrs erfordert den Bau neuer Flughäfen, mehr Personal und den Aufbau eines hochentwickelten Flugleitsystems zur Gewährleistung der Flugsicherheit.

Mit zunehmender wirtschaftlicher Entwicklung gewinnt auch der bessere Schutz der Bürger und Unternehmen an Bedeutung. Als es noch keine Autostraßen und keine Autos gab, brauchte man auch keine Verkehrspolizei. In dem Maße, in dem die Vielfalt der Lebensmittel zunahm, wuchs auch das Bewußtsein um ihren Nährwert – ihren Fettgehalt und um die Gefahr der Übergewichtigkeit. Es wurde notwendig, die Zutaten anzugeben, Zusätze gesetzlich zu regeln und möglichen Verunreinigungen vorzubeugen. Je höher der Lebensstandard ist, und je mehr die Menschen ihr Leben genießen wollen, desto mehr versuchen sie, ihre Gesundheit und Sicherheit vor den einst als normal betrachteten Risiken des menschlichen Daseins abzuschirmen. Mit der wirtschaftlichen Entwicklung werden staatliche Eingriffe und Regulierungen immer wichtiger, auch wenn der Sozialismus im klassischen Sinne überholt ist.

Zudem kann die moderne Volkswirtschaft ohne staatliche Flankierung keine befriedigende und stabile Leistungsfähigkeit erreichen. So kann es etwa zu massiven und schädlichen Spekulationen, zu langwierigen und belastenden Rezessionen oder gar Wirtschaftskrisen kommen. Auch wenn die geeigneten Gegenmaßnahmen heftig umstritten sind, so wird doch nur von wenigen bezweifelt, daß diese in die Zuständigkeit des Staates fallen. Jeder Präsident, jeder Regierungschef weiß, daß er bei den nächsten Wahlen für den Zustand der Wirtschaft zur Rechenschaft gezogen wird.

Nachdem der Sozialismus als eine akzeptable oder taugliche ideologische Alternative an Bedeutung eingebüßt hatte und verschwunden war, kam eine entgegengesetzte, wenn auch in ihrem Anspruch begrenztere Doktrin auf: die Privatisierung, also die umfassende Rückkehr staatlicher Unternehmen und Aufgaben in private Hände. Als generelle Regel ist die Privatisierung genauso unsinnig wie der allumfassende Sozialismus. Es gibt einen großen Bereich wirtschaftlicher Aktivität, in dem die Regeln des freien Marktes bestens funktionieren; andererseits gibt es jedoch ein großes – und mit steigendem ökonomischem Wohlstand wachsendes – Feld von Tätigkeiten, in dem die Leistungen und Funktionen des Staates entweder notwendig oder gesamtgesellschaftlich vorteilhafter sind. Daher ist die Privatisierung als generelle Richtschnur staatlichen Handelns genauso unbrauchbar wie der Sozialismus. Beide Doktrinen dienen vor allem als Ausrede für intellektuelle Trägheit. Für die solidarische Gesellschaft gilt in diesen Dingen eine Grundregel: Politische Entschlüsse sind immer nach sorgfältiger Abwägung aller sozialen und wirtschaftlichen Vor- und Nachteile des konkreten Einzelfalls zu fassen. Wir leben nicht im Zeitalter der Ideologien, sondern des Pragmatismus.

Selbstverständlich gibt es im modernen Gesellschafts- und Wirtschaftssystem allgemeine Trends, die sich auf die Politik und die Notwendigkeit öffentlicher Maßnahmen auswirken. Die heutige Marktwirtschaft, die auf so effiziente Weise Konsumgüter und Dienstleistungen bereitstellt, wird dabei von einem relativ kurzfristigen Gewinnstreben motiviert; das ist ihr Maßstab für Erfolg. Die Unternehmen investieren nicht ohne weiteres, mitunter auch gar nicht, um langfristige Vorteile zu erringen. Auch investieren sie nicht, um gesellschaftlich nachteilige Folgen ihrer Produktion oder ihrer Produkte zu verhindern; das bedeutet zum Beispiel auch, daß sie sich ihrer Verantwortung für Um-

weltschäden entziehen. Darauf werde ich später zurückkommen.

Andere Beispiele für staatliche Investitionen, die nicht
dem zeitlichen Planungshorizont von Privatunternehmen
unterliegen, sind allenthalben anzutreffen. Das moderne
Düsenflugzeug ist, in erheblichem Maße, das Ergebnis mi-
litärischer Forschung und Entwicklung. Ein Großteil der
medizinischen Entdeckungen erfolgte im Rahmen staatlich
geförderter Forschung; sie wären innerhalb der zeitlichen
und finanziellen Beschränkungen, denen Privatunternehmen und private Forscher unterliegen, nicht möglich gewesen. Die spektakulärste Produktivitätssteigerung in der
Neuzeit vollzog sich in der Landwirtschaft. Auch dies war
weitgehend auf staatliche Maßnahmen zurückzuführen – in
den Vereinigten Staaten auf die Arbeit des durch staatliche
(ursprünglich aus Landzuteilungen bestehenden) Subventionen unterstützten Hochschulsystems, der einzel- und
bundesstaatlichen Versuchsstationen und der staatlich unterstützten landwirtschaftlichen Beratungsdienste.

In den Jahren nach dem Zweiten Weltkrieg war der wirtschaftliche Aufstieg Japans durch staatlich subventionierte
Forschungsprojekte und Investitionen nachhaltig gefördert worden; dies wurde als völlig normal betrachtet.
Und in allen Ländern ist das Wirtschaftssystem auf die staatliche Finanzierung von Verkehrswegen, Flughäfen, Post-
diensten und einer elementaren städtischen Infrastruktur
angewiesen.

Daraus können wir folgende Lehre ziehen: In der solidarischen, aufgeklärten Gesellschaft werden Politik und Handeln keiner Ideologie oder Doktrin untergeordnet. Die
Handlungsweise muß vielmehr auf die maßgeblichen Umstände des konkreten Falles abgestimmt sein. Das Bekenntnis zu einem wirtschaftlichen und politischen Glaubens-

system – »Ich bin ein entschiedener Anhänger des Systems der freien Marktwirtschaft«; »Ich bekenne mich voll und ganz zur sozialen Verantwortung des Staates« – hat etwas zutiefst Befriedigendes, aber es ist, um es noch einmal zu sagen, auch eine Flucht vor differenziertem Denken in leere Phrasen.

Dieses Anliegen ist gerade jetzt von besonderer Aktualität. Die republikanische Mehrheit, die seit den Wahlen im Jahre 1994 den US-Kongreß beherrscht, fühlte sich jener ungewöhnlich radikalen Doktrin verpflichtet, die feierlich als »Pakt mit Amerika« bezeichnet wurde, der als Inspiration, wenn auch nicht seinem Inhalt nach ein modernes Gegenstück zum *Kommunistischen Manifest* darstellt. Zunächst kam die allgemeine ideologische Zielsetzung, die in erster Linie gegen den Staat gerichtet war und lediglich ein paar Staatsaufgaben ausnahm – Verteidigung, soziale Sicherheit, Strafvollzug, zahlreiche Vergünstigungen für Unternehmen. Dann folgte die Analyse der Einzelheiten, der Relevanz, ja der Dringlichkeit öffentlicher Dienstleistungen und staatlicher Funktionen, die gestrichen oder beschnitten werden sollten. Während ich diese Zeilen zu Papier bringe, ist aber der Rückzug aus der herrschenden Doktrin im Gange, so daß pragmatische Argumente zur Geltung kommen können. Dies muß weitergehen. Nur so bleiben sozialer Anstand und Mitgefühl und vielleicht sogar die Demokratie selbst gewahrt und erhalten.

4. Das soziale Fundament

Das Wesen der solidarischen Gesellschaft läßt sich, hinreichend allgemein gefaßt, in wenigen Worten definieren: Jeder Bürger sollte unabhängig von seinem Geschlecht, seiner Rasse oder seiner ethnischen Abstammung die Chance haben, ein erfülltes Leben zu führen. Hierbei muß sie selbstverständlich die zweifellos bestehenden Unterschiede in Leistungsstreben und Befähigung berücksichtigen. Die Menschen unterscheiden sich in ihren körperlichen und geistigen Anlagen, ihrer Motivation und ihrer Zielstrebigkeit, und daraus erwachsen Unterschiede in ihrem Leistungsvermögen und ihrer materiellen Vergütung. Dies ist allgemein anerkannt.

In der solidarischen Gesellschaft aber soll die Leistungsfähigkeit des einzelnen nicht von Faktoren beeinträchtigt werden, die behoben werden können. Die Wirtschaft muß jedem die Chance auf Beschäftigung bieten – ein Thema, mit dem wir uns im nächsten Kapitel noch eingehender auseinandersetzen werden. Und die junge Generation muß durch angemessene medizinische Versorgung, durch Erziehung zur Disziplin – das möge niemand anzweifeln – und vor allem durch eine gute Ausbildung in die Lage versetzt werden, diese Chance zu ergreifen und zu nutzen. Diese Dinge dürfen niemandem aufgrund seiner zufallsbedingten Schichtzugehörigkeit bzw. sozioökonomischen Lage versag bleiben; sofern sie nicht von den Eltern oder der Familie erbracht werden können, muß die Gesellschaft angemessene Formen der Fürsorge und Erziehung bereitstellen.

Der Volkswirtschaft kommt in der solidarischen Gesellschaft eine grundlegende Funktion zu; der Determinismus der Wirtschaft stellt eine unerbittliche Macht dar. Das Wirtschaftssystem in der solidarischen Gesellschaft muß effizient funktionieren und den Nutzen aller mehren. Nur dann werden die Chancen den – großen oder geringen – Ambitionen eines jeden entsprechen.

So ist die solidarische Gesellschaft insbesondere auf ein kräftiges und dauerhaftes Wirtschaftswachstum angewiesen – eine erhebliche und beständige Zunahme der Produktion und der Beschäftigung Jahr für Jahr. Dies spiegelt die Bedürfnisse und die Wünsche eines Volkes wider, das nach Verbesserung seiner materiellen Lebenslage strebt. In der öffentlichen Diskussion und in der herkömmlichen Volkswirtschaftslehre ist die Verbesserung des Lebensstandards ein allgemein anerkanntes Gut. Noch wichtiger und gesellschaftlich bedeutsamer aber ist das Wirtschaftswachstum wegen des damit verbundenen Beschäftigungs- und Einkommenseffekts. Wirtschaftliche Stagnation darf nicht hingenommen oder gar offen als eine Voraussetzung der solidarischen Gesellschaft propagiert werden, obgleich die besser situierten Bürger insgeheim die Stagnation einer drohenden Inflation oder staatlichen Maßnahmen zur Belebung der Konjunktur, die einen stetigen wirtschaftlichen Aufschwung flankieren bzw. sichern, vorziehen.

Solange es Beschäftigungsmöglichkeiten gibt, solange herrscht sozialer Friede; wirtschaftliche Stagnation und Entbehrung dagegen ziehen negative soziale Folgen ungeahnten Ausmaßes nach sich. Wenn Menschen arbeitslos, wirtschaftlich benachteiligt und ohne Hoffnung sind, dann sehen sie häufig in Drogenmißbrauch oder Gewalttätigkeit den einzigen Weg, um der bitteren Wirklichkeit zu entfliehen. Dies führt zu einem Anstieg der Kriminalität und womöglich zu inneren Unruhen, denen mit letztlich wirkungslosen repressiven Maßnahmen entgegengetreten wird. Der Zusammenhang zwischen Kriminalität und sozialer Benachteiligung ist offenkundig. Die Viertel in den Städten und Vorstädten, in denen die Wohlhabenden wohnen, sind in den Vereinigten Staaten wie in anderen hochentwickelten Ländern relativ friedlich. Dagegen sind die Straßen in den armen Stadtvierteln Schauplätze drohender oder tatsächlicher Gewalt. Dies wird als selbstverständlich hingenommen; eine andere Ansicht vertreten nur jene, und das sind nicht wenige, die die Rassenzugehörigkeit und ethnische Bräuche, niemals aber die Armut für soziale Unruhen verantwortlich machen. Nach den Ausschreitungen in Kalifornien im Frühjahr 1992 unterstellte man den Bewohnern von South Central Los Angeles, sie wären zu antisozialem Verhalten quasi genetisch veranlagt. Auf die ehrenwerten Bürger von Beverly Hills oder Malibu trifft das natürlich nicht zu.

Dies alles gilt gleichermaßen für die übrige Welt. Es sind die Armen, die sich in Afrika, Asien und Mittelamerika gegenseitig abschlachten; die Menschen aus den wohlhabenden Staaten leben, im großen und ganzen, in ihrer Heimat und im Ausland friedlich zusammen. Es war die wirtschaftliche Not, die in den zwanziger und dreißiger Jahren den Faschismus in Italien und Deutschland an die Macht brachte und schließlich in die Katastrophe führte. Und es waren, um ein Beispiel aus jüngerer Vergangenheit zu erwähnen, die wirtschaftliche Notlage und Unsicherheit, die nach dem Zusammenbruch des Kommunismus die politischen Konflikte und sozialen Unruhen in den Staaten der ehemaligen Sowjetunion schürten.

Aus alldem ergibt sich eine klare Lehre für die zeitgenössische amerikanische Politik: Verbrechen und soziale Unruhen in unseren Großstädten sind die Folge von Armut und einer – später zu behandelnden – unseligen Klassenstruktur, die die Bedürftigen ignoriert bzw. ihrer Würde beraubt. Gegenwärtig versucht man diese Probleme durch polizeiliche Maßnahmen, Verwahrung der Straffälligen und einen ebenso teuren wie nutzlosen Angriff auf den Drogenhandel zu lösen. Die humane und vermutlich auch billigere Lösung dürfte darin bestehen, die Armut zu beseitigen, die soziale Unruhen auslöst.

Eine starke und stabile Wirtschaft und die damit verbundenen Chancen sind somit für die solidarische Gesellschaft von zentraler Bedeutung. Es gibt noch eine weitere Grundforderung: Selbst unter den günstigsten Umständen wird es immer einige Männer und Frauen geben, die nicht erwerbstätig sind oder sein können. Die solidarische Gesellschaft darf niemandem eine materielle Grundsicherung verwehren und ihn so schutzlos Hunger, Krankheit, Obdachlosigkeit oder ähnlichen Entbehrungen preisgeben. Dies darf die solidarische und wohlhabende Wirtschaft nicht zulassen.

Für diejenigen, die wegen ihres Alters nicht mehr am Erwerbsleben teilnehmen können, ist dieses Ziel der solidarischen Gesellschaft seit langem weitgehend unstrittig. Eine ausreichende und verläßliche Alterssicherung wird in allen hochentwickelten Staaten allgemein akzeptiert. Kein amerikanischer Politiker wird sich offen gegen die Rentenversicherung aussprechen, mag er ansonsten auch noch so exotische Positionen verfechten.

Doch auch andere gesellschaftliche Gruppen, die kein

Einkommen aus Erwerbsarbeit erzielen, müssen unterstützt werden. Alleinerziehende Mütter mit kleinen Kindern sind ein einschlägiges Beispiel. (Die Aussicht, daß die Mutter und die Kinder einmal Hunger leiden werden, war noch nie ein wirkungsvoller Anreiz für sexuelle Zurückhaltung oder Verhütung.) Das gleiche gilt für die körperlich oder geistig Kranken und Behinderten und heutzutage auch für diejenigen, die vorübergehend ohne Arbeit und somit ohne Einkommen sind. Wir müssen akzeptieren, daß allen, die sich in einer solchen Lage befinden, eine Grundsicherung gewährt werden sollte. Auch darf die Tatsache, daß jemand von staatlichen Zuwendungen abhängig ist – »Sozialhilfe bezieht« –, kein Anlaß für gesellschaftliche Diskriminierung sein. Wer in Not ist, der macht auch ohne soziale Stigmatisierung schon genug mit.

Ein recht sperriges Problem stellen diejenigen dar, die sich aus freien Stücken – also nicht gezwungen durch Alter, Erwerbsunfähigkeit oder Chancenlosigkeit – dazu entschließen, nicht zu arbeiten; es wird immer eine gewisse Zahl solcher Menschen geben. Sie setzen sich damit jedoch in Widerspruch zu der am häufigsten zitierten Verhaltensnorm, von der der größte soziale Anpassungsdruck ausgeht: der Arbeitsethik. Nichts wird höher gelobt als sie. Nichts scheint die Mittelschicht, die gewöhnlich als die »hart arbeitende Mittelschicht« bezeichnet wird, besser zu kennzeichnen als ihre Identifikation mit der Arbeitsethik und folglich ihre Abneigung dagegen, Müßiggang in den unteren Schichten zu unterstützen.

Das Vermeiden harter Arbeit wird nicht durchweg verdammt. Allerdings ist Müßiggang gesellschaftlich nicht geächtet, wenn er von denen bevorzugt wird, die in den oberen Regionen der Einkommensstatistik firmieren. Der Müßiggang der Wohlhabenden und Reichen stößt sogar auf breite Zustimmung; er kann ein persönlicher und gesellschaftlicher Vorzug sein. Thorstein Veblen beschrieb in seinem Klassiker *Die Theorie der feinen Leute* den Müßiggang sogar als das prestigeträchtige soziale Kennzeichen der Reichen, und das ist er bis heute geblieben. Auch Intellektuelle brauchen bekanntlich immer wieder und manchmal für längere Zeit Erholung von den Zwängen geistiger Mühsal. Wir müssen die Neigung zum Müßiggang, wie sie sich auf allen Ebenen unseres Wirtschaftssystems manifestiert, tolerieren.

In der solidarischen Gesellschaft darf es weder Unterernährung noch Obdachlosigkeit geben. Gegen erzwungene Untätigkeit bedarf es vor allem eines reichlichen Angebots an Beschäftigungs- und Verdienstmöglichkeiten. Der Schlüssel zur Lösung liegt somit in der Leistungsfähigkeit der Volkswirtschaft. Der Rückgriff auf staatliche Unterstützung darf nicht deshalb notwendig werden, weil es nicht genügend Arbeitsplätze gibt. Doch auch wenn für hinreichende Beschäftigungsmöglichkeiten gesorgt ist, ist ein soziales Netz für alle unverzichtbar. Daß einige beschließen, nicht zu arbeiten, muß hingenommen werden. Gesellschaftlich finanzierter Müßiggang widerspricht zweifellos tiefsitzenden sozialen Einstellungen; die Öffentlichkeit kann und sollte Druck auf arbeitsfähige Personen ausüben, um sie wieder ins Erwerbsleben einzugliedern. Die Verweigerung des Existenzminimums stellt jedoch keine annehmbare Sanktion dar. Ein gewisser Mißbrauch, als solcher wird er angesehen, ist in diesem Bereich des Systems der sozialen Sicherung unvermeidlich und muß hingenommen werden.

Die solidarische Gesellschaft strebt keine Gleichheit der Einkommen an; das ist weder ein realisierbares noch ein sozial wünschenswertes Ziel. Es gibt Menschen, denen hohe Einkommen und Reichtum sowie deren öffentliche Zurschaustellung oder privater Genuß das wichtigste Ziel sind und höchste Befriedigung bringen; für andere ist das nicht der Fall. Der Wall-Street-Broker mißt seine Lebensqualität an seinem Einkommen; der anerkannte oder nach Anerkennung strebende Dichter tut dies nicht. Es gehört zum Wesen einer freiheitlichen Gesellschaft, daß sie sich mit diesen Unterschieden in der Motivation und im Verdienst abfindet.

Andererseits gibt es Einkommensquellen, die die solidarische Gesellschaft nicht gutheißen darf. Es ist ein ausgeprägtes Merkmal des modernen Wirtschaftssystems, daß es viele Möglichkeiten zum Geldverdienen gibt, die entweder sozialethisch verwerflich sind oder der Wirtschaft selbst schaden. In der Vergangenheit wurden die Einkünfte aus monopolistischer Ausbeutung heftig angegriffen. In der jüngeren Vergangenheit gerieten die Einkünfte aus betrügerischen Finanzmanipulationen bei den US-Sparbanken ins Kreuzfeuer der Kritik; das gleiche gilt für die Einnahmen des Insiderhändlers, des Firmenaufkäufers und des Investors, der eine Firma unter hohem Fremdkapitaleinsatz übernimmt und dieser dadurch eine gewaltige Schuldenlast aufbürdet, die deren künftigen strategischen Spielraum beeinträchtigt und sie zum Personalabbau zwingt. Auch das Einkommen des Unternehmensleiters, der seinen Aufsichtsrat fest im Griff hat und nach Maximierung seiner persönlichen Einkünfte strebt, gehört in diese Kategorie. Nicht zu vergessen schließlich das Einkommen aus dem Verkauf von Produkten, die den Verbraucher gefährden, übervorteilen oder die öffentliche Gesundheit bzw. die Umwelt beeinträchtigen.

Die solidarische Gesellschaft muß unterscheiden zwischen sozialethisch zulässiger und nützlicher Bereicherung einerseits und einer Bereicherung auf Kosten der Allgemeinheit andererseits. Die Energie und Entschlußkraft der Person, die sich dem oftmals unfruchtbaren Ziel persönlicher Bereicherung verschreibt, kann gesamtwirtschaftlich nützlich sein. Sie kann jedoch auch zu Vorgehensweisen führen, die dem Gemeinwohl abträglich sind. Die solidarische Gesellschaft muß sich daher der grundlegenden, schwierigen und heftig umstrittenen Aufgabe stellen, diese Unterscheidung zu treffen und praktisch umzusetzen. Lauteres Gewinnstreben ist nützlich. Die Verwendung von Insiderinformationen und die Übermittlung von Falschinformationen ist verwerflich. Die vergangenen Erfahrungen mit kreditfinanzierten Firmenübernahmen und vor allem mit Junk Bonds waren negativ, und zahlreiche verlockende Anlagekonzepte haben manchem Investor große Verluste eingebracht. Es gibt, wie schon gesagt, in dieser Sache keine allgemeingültigen Regeln – nichts läßt sich durch Rückgriff auf marktwirtschaftliche, kapitalistische, liberale oder sozialistische Grundsätze entscheiden. Gefragt sind intelligente Konzepte und intelligentes Handeln, keine alles bestimmende Doktrin.

Im Hinblick auf das Einkommen stellt sich auch die Frage nach dem, »was dem Staat billigerweise zusteht« – nach dem »angemessenen sozialen Anspruch« also. In der solidarischen Gesellschaft erfüllt der Staat zahlreiche wichtige Aufgaben, insbesondere als Sachwalter der sozial Benachteiligten. Daher richtet sich dieser staatliche Anspruch nach dem individuellen Leistungsvermögen. Hier kommen grundlegende Gerechtigkeits- und soziale Nutzenerwägungen zum Tragen. Eine geringfügige Einkommenseinbuße können die Reichen leichter verschmerzen als die weniger Wohlhabenden. Dies trägt auch zu einem effizienten Funktionieren der Wirtschaft bei. Denn Personen mit geringem oder mittlerem Einkommen wenden im Unterschied zu den Reichen einen gleichbleibend hohen Teil ihrer Einkünfte für die Deckung ihres Bedarfs auf. Daher hat eine progressive Besteuerung einen stabilisierenden Effekt – sie trägt dazu bei, daß das erzielte Einkommen in Form von Nachfrage nach produzierten Gütern in den Markt zurückfließt. Es ist unterstellt worden, daß ein hohes Nettoeinkommen die Reichen zu gesamtwirtschaftlich produktiven Leistungen veranlasse; dies dürfte die Argumentation jedoch zu weit treiben.

Die Wirtschaft muß also zunächst einmal jedermann die Möglichkeit bieten, am Erwerbsleben teilzunehmen und je nach Befähigung und Leistungswillen beruflich weiterzukommen, dann müssen aber noch zwei weitere Vorbedingungen erfüllt sein: Die Leistungsfähigkeit der Volkswirtschaft muß hinreichend stabil sein, und das Wirtschaftssystem darf nicht aufgrund von Rezession und Depression regelmäßig wiederkehrende Massenarbeitslosigkeit hervorbringen. Außerdem darf es nicht die Anstrengungen derjenigen zunichte machen, die gewissenhaft und klug Vorsorge für das Alter, für den Krankheitsfall oder für unvorhersehbare Notlagen treffen. Hier droht die Gefahr der Inflation – des Kaufkraftschwunds des Geldes – und damit der Entwertung der Rücklagen für die Zukunft.

Die Sicherheit der Vorsorgeaufwendungen basiert normalerweise auf der Annahme völlig oder relativ stabiler Preise. Einige genießen den Schutz einer Indexbindung, so daß das Einkommen mit den Preisen steigt; doch viele haben diesen Schutz nicht. Aus diesem Grund muß die solidarische Gesellschaft die Erwartung angemessener Preisstabilität erfüllen. Diese Stabilität kann allerdings in einer gut funktionierenden Volkswirtschaft niemals absolut sein; eine gewisse Preisinflation ist unvermeidlich. Sie muß sich jedoch in engen und vorhersagbaren Grenzen halten. Die solidarische Gesellschaft kann sich nicht mit der »Euthanasie der Rentiersklasse« (John Maynard Keynes) abfinden.

Schließlich muß die solidarische Gesellschaft fest in die internationale Staatengemeinschaft integriert sein. Der Staat muß in einer friedlichen und wechselseitig vorteilhaften Partnerschaft mit seinen Handelspartnern in der ganzen Welt leben. Er muß sich für den Weltfrieden einsetzen und zu diesem Zweck kooperativ mit anderen Nationalstaaten zusammenarbeiten. Der Krieg ist die furchtbarste aller menschlichen Tragödien, die zudem im Zeitalter der Kernwaffen die ganze Menschheit bedroht. Außerdem muß die solidarische Gesellschaft die Bedürfnisse und Hoffnungen der weniger wohlhabenden Mitglieder der Staatengemeinschaft ernst nehmen und wirksam unterstützen.

Die Grundmerkmale der solidarischen Gesellschaft lauten demnach: Beschäftigung und Aufstiegschancen für alle; verläßliches Wirtschaftswachstum zur Sicherung von Arbeitsplätzen; gute Bildung, bestmögliche familiäre Unterstützung und Disziplin, um die künftigen Chancen auf Teilnahme am Wirtschaftsleben und auf ein Einkommen zu erhöhen; Freiheit von sozialen Unruhen im In- und Ausland; ein soziales Netz für all jene, die nicht in der Lage sind, ihren Lebensunterhalt aus eigenen Kräften zu bestreiten; Entfaltungsmöglichkeiten, die mit der individuellen Befähigung und Leistungsbereitschaft in Einklang stehen; ein Verbot sämtlicher Formen finanzieller Bereicherung auf Kosten anderer; der Schutz von Vorsorgeaufwendungen gegen inflationsbedingten Wertverlust und eine partnerschaftliche und sozial orientierte Außenpolitik.

Diese Bedingungen sind, von einigen sehr bemerkenswerten Ausnahmen abgesehen, im Grunde unstrittig, vor allem im zeitgenössischen politischen Diskurs. Umstrittener sind die Maßnahmen, die zur Verwirklichung dieser Ziele erforderlich sind.

5. Die solidarische Wirtschaftsordnung

Es bestehen keine ernsthaften Zweifel hinsichtlich des wirtschaftlichen Fundaments der solidarischen Gesellschaft. Wie bereits mehrfach betont, muß es Beschäftigungsmöglichkeiten für alle arbeitswilligen Personen geben. Dies erfordert bei einer wachsenden Bevölkerung und steigenden Ansprüchen ein stetiges Wirtschaftswachstum und somit eine stetige und beständige Zunahme der Zahl der Erwerbstätigen.

Das zentrale Problem, das die solidarische Gesellschaft hier bewältigen muß, betrifft die unerfreuliche Tendenz der modernen Volkswirtschaft, – mitunter langwierige – Phasen der Rezession und Stagnation zu durchlaufen, die unvermeidlich mit einem Anstieg der Arbeitslosigkeit einhergehen. Diese zyklischen Perioden sind ein Grundmerkmal der Marktwirtschaft. Daher ist anhaltende Arbeitslosigkeit selbst in Phasen ausgeprägten Wirtschaftswachstums und Wohlstands charakteristisch für die Neuzeit.

Nur wenige Dinge wurden so eingehend untersucht wie Konjunkturschwankungen bzw. wie der einst so genannte Konjunkturzyklus. Dieses Phänomen ist in seinen Grundzügen leicht zu erklären: Die moderne Wirtschaft erfordert einen stetigen Kaufkraftfluß – eine »gesamtwirtschaftliche Nachfrage«, um den wirtschaftswissenschaftlichen Fachterminus zu verwenden –, der groß genug ist, um die verfügbare Produktionskapazität auszulasten, um darüber hinaus Investitionen in Kapazitätserweiterungen anzuregen und dadurch alle verfügbaren Arbeitskräfte zu beschäftigen. Während es sich dabei früher vor allem um industrielle Lohnarbeiter handelte, ist heute ein viel breiteres Spektrum von Branchen betroffen – Dienstleistungen, die Geisteswissenschaften, die Unterhaltungsindustrie, die Hochtechnologie, das Bildungswesen und vieles mehr. Auch wenn eine gewisse Diskrepanz zwischen beruflicher Spezialisierung und Bedarf unvermeidlich ist, wird die Obergrenze der gesamtwirtschaftlichen Produktionskapazität doch von der jeweiligen Gesamtzahl der Erwerbspersonen bestimmt. Ein anhaltender Nachfragestrom nach Gütern und Dienstleistungen muß dafür sorgen, daß die Volkswirtschaft an oder in der Nähe dieser Grenze bleibt. Ein Versagen in diesem Punkt – das zyklische oder dauerhafte Arbeitslosigkeit nach sich zieht – steht im Widerspruch zu den Zielen der solidarischen Gesellschaft.

Wir müssen von der zyklischen Tendenz der Konjunktur ausgehen. Dafür gibt es verschiedene Gründe, doch der offenkundigste und beständigste ist übermäßige Spekulation in Zeiten der Hochkonjunktur, die schließlich zu einer Verminderung der Investitionen und der Verbraucherausgaben führt; dieser Rückgang der gesamtwirtschaftlichen Nachfrage wirkt sich zwangsläufig auf die Produktion und die Beschäftigung aus. Die spekulative Episode in der ein oder anderen Form – Spekulationsgeschäfte mit Wertpapieren, Immobilien, Junk Bonds und das Fusions- und Übernahmefieber der achtziger Jahre mit seiner rezessionsfördernden Schuldenlast, deren Vorläufer das »Tulpenfieber« im Holland des 17. Jahrhunderts und der große Südseeschwindel im 18. Jahrhundert waren – ist, um es noch einmal zu sagen, ein unabänderliches Merkmal des

Systems. Diese Erfahrung hat man in den Vereinigten Staaten schon sehr früh gemacht. Rezession oder Depression und Arbeitslosigkeit sind die zwangsläufigen Folgen. Auch wenn ein besseres Verständnis, geeignete ordnungspolitische Maßnahmen und mehr praktische Vernunft möglicherweise dazu beitragen können, die Phasen des Booms zu steuern, so muß das Hauptaugenmerk doch darauf gerichtet sein, die Not und vor allem die Arbeitslosigkeit zu mildern, die sich aus dieser grundlegenden zyklischen Instabilität der Konjunktur ergeben.

Die Stabilisierung der Gesamtnachfrage ist hierbei der entscheidende Faktor. Die gesamtwirtschaftliche Nachfrage setzt sich aus drei maßgeblichen Komponenten zusammen: den Ausgaben der privaten Haushalte, den Investitionsaufwendungen der privaten Unternehmen und den Ausgaben im Rahmen fiskalpolitischer Maßnahmen des Staates, wobei diese Ausgaben das Steueraufkommen über- oder unterschreiten können.

Wenn der Kaufkraftstrom – die gesamtwirtschaftliche Nachfrage – nicht ausreicht, um ein hohes Niveau der wirtschaftlichen Aktivität und des Wirtschaftswachstums zu halten, dann wird gemeinhin davon ausgegangen, daß gewisse problemlos verfügbare und äußerst vorteilhafte Maßnahmen das Vertrauen der Verbraucher und der Unternehmen wiederherstellen würden; dies wiederum führe zu vermehrten Investitionsausgaben der Unternehmen und Konsumausgaben. Zu den solcherart hochgelobten Maßnahmen gehören rhetorische Phrasen und öffentliche und private Bittgebete, inständige Forderungen nach einem ausgeglichenen Bundeshaushalt und Vorschläge zur Lockerung der öffentlichen Regulierung. Erfahrungen der Vergangenheit haben jedoch die weitgehende Wirkungslosigkeit solcher Maßnahmen erwiesen.

Mit der Zeit gehen alle Rezessionen und Depressionen – beide lassen sich trotz der intensiven Bemühungen einiger Volkswirte nicht exakt voneinander abgrenzen – einmal zu Ende. Die Auswüchse und unvermeidlichen Verluste, die durch Spekulation verursacht wurden und die das unveränderliche Kennzeichnen wirtschaftlicher Blütezeiten sind, geraten nach und nach in Vergessenheit, ihre Folgewirkung verebbt. Die Ausgaben und die Investitionen nehmen wieder zu. Die Zwischenzeit ist jedoch schmerzlich, besonders für diejenigen, die dem konjunkturellen Auf und Ab schutzlos preisgegeben sind. Daher muß die solidarische Gesellschaft ein erfolgversprechendes Aktionsschema entwickeln, um diesen Abschwungphasen entgegenzuwirken und um eine stetige und dauerhafte Zunahme von Produktion und Beschäftigung zu gewährleisten.

Es gibt drei überzeugende korrektive Vorgehensweisen, um dies zu bewirken und die gesamtwirtschaftliche Nachfrage im erforderlichen Umfang zu erhöhen: Der Staat kann die Steuern senken und so das Konsumbudget der privaten Haushalte erhöhen. Nach einer Denkrichtung, die sich insbesondere bei dem auf diese Weise steuerlich entlasteten Personenkreis großer Beliebtheit erfreut, soll dies darüber hinaus persönliche und unternehmerische Initiative und Investitionen stimulieren, was zu einer weiteren Zunahme der Gesamtnachfrage führe. Offenbar glaubt man, daß niemand so sehr zur Trägheit neigt, aber auch so stark durch die Aussicht auf Einkommenszuwächse angeregt wird wie der wohlhabende Steuerzahler.

Zweitens kann die Notenbank die Leitzinsen senken und so die Kreditaufnahme der gewerblichen Wirtschaft und der privaten Haushalte anregen, was die Gesamtnachfrage zusätzlich belebt.

Drittens und letztens kann der Staat unmittelbar zur Gesamtnachfrage durch Erhöhung seiner Ausgaben über das Steueraufkommen hinaus – also durch ein bewußt in Kauf genommenes oder absichtlich erhöhtes Haushaltsdefizit – beitragen. Durch eine oder eine Kombination dieser Maßnahmen kann – so die Überzeugung oder Hoffnung – die gesamtwirtschaftliche Nachfrage auf einem Niveau gehalten werden, das Privatwirtschaft und Regierung dazu veranlassen wird, nach allen verfügbaren Arbeitskräften zu greifen.

Leider ist die Wirksamkeit dieser einzelnen staatlichen Maßnahmen sehr unterschiedlich. Außerdem gehen sie mit der Gefahr einer Inflation einher. Und viele Bürger ziehen zudem, wie bereits erwähnt, insgeheim Stagnation und Arbeitslosigkeit jenen Maßnahmen vor, die wirtschaftliches Wachstum und einen hohen Beschäftigungsstand fördern bzw. sichern.

Die gezielte Beeinflussung der Zinsen, gemeinhin als Geldpolitik bezeichnet, genießt den höchsten Grad an Zustimmung im Establishment als ein wirkungsvolles Instrument gegen Stagnation und Arbeitslosigkeit; sie ist daher als erstes Mittel in Betracht zu ziehen. Träger der geldpolitischen Kompetenz ist die jeweilige nationale Zentralbank, in den Vereinigten Staaten die Federal Reserve. Es wird als ein besonderer Vorzug der Geldpolitik gesehen, daß sie nicht den Zwängen des demokratischen Willensbildungsprozesses unterliegt; über die notwendigen Maßnahmen befinden unabhängige Entscheidungsträger in sozialhygienisch erwünschter Abschottung von den Niederungen gewöhnlicher politischer Auseinandersetzung, Beeinflussung oder Kontrolle.

Mit der Finanzwelt verbindet sich für viele die Idee, die Leute, die engstens mit dem Finanzwesen verbunden sind, verfügten dafür über eine besondere, geradezu magische

Gabe – eine Gabe, die sich sogar dem Begriffsvermögen der bestinformierten Laien entziehe. Heben wir diesen Punkt noch einmal mit aller Deutlichkeit hervor: nichts gilt heutzutage als ein untrüglicheres Anzeichen außergewöhnlicher Intelligenz als die Verantwortung für große Geldmengen. Nur die unmittelbare Erfahrung mit den Verantwortlichen entlarvt dies als eine fromme Mär.

Die große Schwäche der Geldpolitik besteht darin, daß sie die gesamtwirtschaftliche Nachfrage möglicherweise gar nicht oder nur geringfügig beeinflußt. Wie schon gesagt, sollen die niedrigeren Zinsen einer rezessiven Dynamik entgegenwirken, indem sie die Kreditaufnahme und die Ausgaben der privaten Haushalte und die Investitionen der Wirtschaft stimulieren. Durch die niedrigeren Kreditkosten und die dadurch verbesserten Ertragsaussichten sollen sich die Investitionen erhöhen. Doch in wirtschaftlich schlechten Zeiten mit hoher Arbeitslosigkeit führen niedrigere Zinssätze nicht notwendig zu einer Erhöhung der Konsumausgaben, denn insgesamt herrscht nicht zuletzt infolge bereits eingetretener oder befürchteter Arbeitslosigkeit eine pessimistische Grundstimmung vor. Da in solchen Zeiten die gesamtwirtschaftliche Produktionskapazität nicht voll ausgelastet ist, werden alteingesessene und neu gegründete Unternehmen durch niedrige Zinsen nicht unbedingt zu einer erhöhten Kreditaufnahme und verstärkten Investitionstätigkeit angeregt, so daß sich die Einkommen ebenfalls nicht erhöhen; die langfristigen Aussichten sind zu ungewiß. Auch wirken sich niedrige Zinsen nachteilig für diejenigen aus, deren Einkommen aus Zinserträgen besteht – ihr Beitrag zur gesamtwirtschaftlichen Nachfrage nimmt ab. Doch all dies vermag den festverwurzelten Glauben an die Geldpolitik als maßgebliches Instrument der Wirtschaftspolitik nicht zu erschüttern. Quasi-religiöse Überzeugungen obsiegen in diesem Fall über entgegenstehende praktische Erfahrungen.

Auch die Senkung von Steuern wird als ein Instrument zur Stützung der gesamtwirtschaftlichen Nachfrage in Phasen der Rezession gepriesen. Aufgrund der Senkung der Einkommen- bzw. Verbrauchssteuern sollen dem einzelnen mehr Geldmittel zur freien Disposition stehen, die er in den Nachfragestrom einbringen kann. Außerdem soll die Aussicht auf ein höheres Einkommen nach Steuern die Leistungsmotivation und die Investitionsbereitschaft der Hersteller ankurbeln.

Doch auch hier steht die Hoffnung im Gegensatz zur Realität, denn es ist keineswegs sicher, daß die durch die Steuersenkung freigesetzten Mittel tatsächlich investiert oder anderweitig ausgegeben werden. In schlechten Zeiten ziehen es die Verbraucher und Unternehmen, die in den Genuß dieser Maßnahme kommen, möglicherweise vor, ihr Geld nicht auszugeben. Zudem werden Steuersenkungen gerade von solchen Personen als geeignetes Gegenmittel gegen wirtschaftliche Stagnation und Arbeitslosigkeit angepriesen, deren Steuerlast auf diese Weise vermindert würde. Aus dem persönlichen Nutzen, so argumentieren sie, entspringe Nutzen für die Allgemeinheit. Tatsächlich zeitigt die Besteuerung in den oberen Einkommensstufen genau den gegenteiligen Effekt: Hier können Steuern die Ausgabe von Geldern forcieren, die andernfalls in der Kasse gehalten und nicht investiert würden. Eine Steuersenkung kann nur das fördern, was John Maynard Keynes die »Liquiditätspräferenz« nannte. Der Wunsch, Geld oder dessen Äquivalent in der Kasse zu halten, bewirkt keine nachhaltige Zunahme der gesamtwirtschaftlichen Nachfrage.

Um die Nachfrage in Phasen negativen Wachstums oder der Stagnation anzukurbeln, bleiben so nur direkte und

aktive staatliche Maßnahmen zur Schaffung von Arbeitsplätzen. In einer idealen Welt wäre dies nicht erforderlich.
In der realen Welt zyklischer und lange anhaltender Stagnation gibt es hierzu keine probate Alternative.

Die konkreten Einzelheiten der richtigen öffentlichen
Maßnahmen zur Bekämpfung von Rezession und Depression sind klar. Die Zinsen sollten in der Tat gesenkt werden,
auch wenn die Wirkung dieser Maßnahme nicht absehbar
ist. Doch die einzig wirklich substantielle Maßnahme, die
der Staat ergreifen kann, besteht darin, Arbeitsplätze für
diejenigen zu schaffen, denen andernfalls unweigerlich Arbeitslosigkeit droht. Zu diesem Zweck muß der Staat Kre-
dite aufnehmen und sich mit der Tatsache eines größeren
Haushaltsdefizits abfinden. Ein solches Defizit darf nicht als
ein Hemmnis für wirkungsvolle öffentliche Maßnahmen
betrachtet werden, denn es erhöht durch Belebung der
wirtschaftlichen Aktivität die Gewinne der Unternehmen
und so die Steuereinnahmen. Verbesserungen der öffentlichen Infrastruktur – Verkehrswege, Schulen, Flughäfen,
Wohnungsbau – im Rahmen dieser Arbeitsbeschaffungs-
maßnahmen erhöhen auch das Vermögen und die Einnahmen der öffentlichen Hand. Die Kreditaufnahme des Staates kann sich so langfristig als ein Akt fiskalischer Weitsicht
erweisen.

Wenn sich die Wirtschaft wieder erholt hat und die öffentlichen Einnahmen steigen, dann müssen die Ausgaben
zur Konjunkturbelebung entschlossen zurückgeführt werden. Die Steuern müssen auf dem früheren Niveau gehalten oder erhöht werden, um übermäßiger Spekulation und,
nötigenfalls, dem Inflationsdruck der Nachfrage auf die
Märkte zu begegnen.

Dieser umfassende Aktionsplan ist nicht leicht umzusetzen. Eine einflußreiche Gruppe von Meinungsführern ver-

wirft ihn mit der Begründung, er übersteige die kollektive Intelligenz im modernen Staatswesen. Doch wiederum bleibt es bei der unbequemen Tatsache: es gibt keine erfolgversprechende Alternative. Was als schwer umsetzbar bzw. ideologisch überholt verworfen wird, ist der einzige Weg, um wiederkehrende Phasen von Stagnation und Arbeitslosigkeit zu verhindern.

Im Winter des Jahres 1995 hätte die republikanische Mehrheit im neugewählten US-Kongreß mit Unterstützung durch einige Demokraten fast – es fehlten nur eine oder zwei Stimmen an der erforderlichen Zweidrittelmehrheit von Repräsentantenhaus und Senat – einen Antrag für einen Verfassungszusatz durchgebracht, der in Friedenszeiten einen ausgeglichenen Bundeshaushalt zwingend machen sollte. Dies hätte zur ökonomisch rückschrittlichsten Gesetzesinitiative der letzten Jahre werden können, die sich kaum hätte verwirklichen lassen. Sie hätte Steuererhöhungen und Beschneidungen der Staatsausgaben ausgerechnet zu einer Zeit notwendig gemacht, da der Strom der öffentlichen Einnahmen bereits durch eine Rezession bzw. Depression geschmälert wurde. Und sie hätte in guten Zeiten eine Zunahme der öffentlichen Ausgaben und Steuersenkungen ermöglicht und auf diese Weise das allgemeine Spekulations- und Inflationsklima noch weiter angeheizt. Einen besseren Plan zur Erhöhung der konjunkturellen Instabilität hätte man sich nicht vorstellen können.

Dieser Rückschritt wurde verhindert, wenn auch nur mit jener Minderheit an Stimmen, die erforderlich ist, um die Verabschiedung eines Verfassungszusatzes im Kongreß zu blockieren. Es war ein weiterer Beleg dafür, daß die Maßnahmen, die notwendig sind, um die Folgen von Boom und Rezession (ein unabwendbares Merkmal der Marktwirtschaft) auszugleichen, noch immer nicht allgemein akzeptiert werden. Starke gesellschaftliche Kräfte streben auch heute noch nicht nach der solidarischen und stabilen, sondern nach der unstabilen Wirtschaft mitsamt ihren negativen sozialen Auswirkungen.

Ein letzter Punkt bleibt zu erwähnen: Die Schuld an konjunkturellen Flauten und Arbeitslosigkeit wird in der Regel den Arbeitnehmern zugeschoben. Eine Standardantwort auf hohe Arbeitslosenzahlen ist der Ruf nach einer besseren Berufsausbildung. Das ist die politisch salonfähige Abhilfe. Eine gute Bildung und Ausbildung ist, wie noch zu zeigen sein wird, für die solidarische Gesellschaft tatsächlich von zentraler Bedeutung. Aber beides hat nichts mit den Konjunkturabschwüngen zu tun, um die es hier geht. Bei einer Rezession oder Depression werden die gelernten und die ungelernten Arbeitskräfte, die Gebildeten und die Unwissenden gleichermaßen betroffen. Der Ruf nach besser ausgebildeten Arbeitskräften als Abhilfe für rezessionsbedingte Arbeitslosigkeit ist die letzte Zuflucht des konzeptionslosen Liberalismus.

Die solidarische Gesellschaft hat mit den Konjunkturkrisen – Rezession, Depression oder Stagnation –, von denen die moderne Marktwirtschaft heimgesucht wird, zu kämpfen. Sie muß sich jedoch auch mit den Problemen der Vollbeschäftigung, der Inflation und der sorgfältig verschleierten Präferenz eines nicht geringen Personenkreises für wirtschaftliche Stagnation auseinandersetzen. Zudem ist sie mit dem heftig umstrittenen Problem des Haushaltsdefizits konfrontiert. Diese Themen werden uns in den nächsten Kapiteln beschäftigen.

6. Inflation

Wie bereits erwähnt, wird das Bemühen um eine solidarische Wirtschaftsordnung durch zwei besonders heikle Probleme erschwert. Das ist zum einen die Wahrscheinlichkeit, ja beinahe Gewißheit, daß im Falle der Vollbeschäftigung oder der annähernden Vollbeschäftigung und bei starkem Wirtschaftswachstum die Inflationsrate ansteigt. Und da ist zum anderen die Tatsache, daß ein großer und einflußreicher Teil der modernen Gesellschaft insgeheim Stagnation und Arbeitslosigkeit bei weitem den Maßnahmen vorzieht, die beides wirksam bekämpfen, aber möglicherweise die Inflation anheizen würden. Das Bestehen dieser Präferenz darf nur nicht zugegeben, ja nicht einmal erwähnt werden. Öffentlich für Rezession bzw. Stagnation einzutreten, wäre politisch noch weniger akzeptabel als die entschiedene Befürwortung sexueller Belästigung.

Nähert man sich dem Ziel der Vollbeschäftigung – einem Arbeitsplatzangebot für alle, die arbeiten wollen und Einkommenszuwächsen für andere –, werden eine drohende oder schon begonnene Inflation sowie das Defizit in den öffentlichen Haushalten, durch das die wirtschaftliche Wiederbelebung möglicherweise stimuliert würde, zur meistdiskutierten wirtschaftspolitischen Frage. Die maßgeblichen Inflationsursachen stehen außer Zweifel. Der Nachfragestrom, der die Märkte räumt, die Produktion ausweitet und den Arbeitskräftebedarf erhöht, ebnet unweigerlich auch den Weg für Preiserhöhungen. Aufgrund des Überangebots an freien Stellen kommt es zu einem allgemeinen, regionalen oder branchenspezifischen Mangel an Arbeitskräften. Die Stellenanbieter helfen diesem Mangel nur durch das Angebot höherer Löhne ab, da sie wissen, daß die zusätzlichen Kosten aufgrund der lebhaften Nachfrage, die zu den Lohnerhöhungen führte, auf den Verbraucher abgewälzt werden können. Die höheren Löhne wiederum steigern die Nachfrage und dadurch den Druck auf die Märkte.

Die lebhafte Nachfrage und die steigenden Gewinne der Arbeitgeber veranlassen nun natürlich die Gewerkschaften, die in den Vereinigten Staaten eine zwar an Einfluß verlierende, aber noch immer beachtliche und unverzichtbare gesellschaftliche Kraft darstellen, höhere Lohnforderungen zu stellen. Diese Forderungen wiederum führen zu neuen Preiserhöhungen und liefern zugleich deren Rechtfertigung.

Die Wirtschaftswissenschaften machen meist nicht viel Aufhebens von ihren unlösbaren Problemen. Der Zusammenhang von Beschäftigung und Inflation bildet jedoch eine Ausnahme. Vor vielen Jahren deutete die von A. W. Phillips (London School of Economics und Australian National University) entworfene und nach ihm benannte Kurve auf einen klaren Zielkonflikt zwischen hohem Beschäftigungsniveau und hoher Inflation einerseits und hoher Arbeitslosigkeit und relativer Preisstabilität andererseits hin. Das Bestehen dieses Zielkonflikts wird in allen volkswirtschaftlichen Theorien anerkannt.

In der jüngeren Vergangenheit kam es jedoch zu einem grundlegenden Meinungswandel hinsichtlich der Präferenz für Inflation oder Arbeitslosigkeit. Früher galt hohe

Arbeitslosigkeit als das Hauptübel, und Vollbeschäftigung war der entscheidende Test für die Leistungsfähigkeit der Wirtschaft. In einem Großteil der als seriös angesehenen Wirtschaftpublikationen wird diese Auffassung auch weiterhin vertreten. Doch die einflußreichste Schicht der modernen Gesellschaft betrachtet die Inflation als die eigentliche Bedrohung der wirtschaftlichen Leistungsfähigkeit, so daß Preisstabilität für sie zum vorrangigen Ziel wurde. Dieser Auffassung nach ist Arbeitslosigkeit ein Mittel zur Preisstabilisierung. Darin spiegelt sich eine neue Einstellung wider, die allenthalben deutlich spürbar ist, auch wenn sie selten so unverblümt geäußert wird.

Entscheidend ist die Tatsache, daß diejenigen, die in der modernen Wirtschaft und Gesellschaft politische Stimme und Gewicht haben, durch Inflation stärker geschädigt werden als durch hohe Arbeitslosigkeit. Unter Arbeitslosigkeit leiden nur die davon Betroffenen und deren Familien; ihr Leid kann leicht von jenen toleriert werden, die es nicht selber erfahren.

Tatsächlich hat hohe Arbeitslosigkeit einige gesellschaftlich und wirtschaftlich willkommene Folgen: der Dienstleistungssektor ist infolge des Stellenmangels in anderen Wirtschaftszweigen reichlich mit beflissenen Arbeitskräften besetzt; erwerbstätige Arbeitnehmer sind aufgrund ihrer Angst vor Arbeitslosigkeit möglicherweise kooperativer, ja gefügiger; das gleiche gilt für ihre Gewerkschaften. Noch wichtiger aber ist die Tatsache, daß die meisten Bürger einschließlich der politisch einflußreichen Kreise nicht selbst von Arbeitslosigkeit bedroht sind.

Die Inflation dagegen hat heutzutage weitreichende gesamtwirtschaftliche Folgen. Die vielen Menschen, die von festen Einkommen, von Renten oder von angesammelten Ersparnissen leben, fürchten Inflation viel stärker als Arbeitslosigkeit. Selbst wenn die Höhe des Einkommens an den Anstieg der Lebenshaltungskosten gekoppelt ist, lösen höhere Preise ein Gefühl der Unsicherheit aus. Preiserhöhungen sind täglich spürbar; die indexgebundene Anpassung dagegen erfolgt nur in zeitlichen Abständen bis zu einem Jahr. Preisstabilität erscheint infolgedessen als bei weitem besser.

Unter denjenigen, die um der Preisstabilität willen Arbeitslosigkeit in Kauf zu nehmen bereit sind, nimmt die Finanzwelt eine herausragende Stellung ein. Dazu gehören die Notenbanken, in denen, zumindest im Fall des Federal Reserve System, den Privatbanken ein gesetzliches Stimmrecht eingeräumt wird; die Geschäftsbanken, Investmentgesellschaften und weitere Anbieter von Finanzdienstleistungen. Wer einen Kredit vergibt, möchte, daß der zurückgezahlte Betrag etwa die gleiche Kaufkraft wie der ausgezahlte Betrag besitzt. Diesem Wunsch läuft die Inflation direkt zuwider. Zudem kommt hier eine nachhaltige Wirkung auf die öffentliche Meinung zum Tragen. Die Vermeidung von Inflation gilt gemeinhin als maßgeblicher Test für die Qualität der Geldpolitik. Hohe Inflation wirft angeblich ein Schlaglicht auf die Mängel der Geldpolitik. Und der Zentralbankrat stellt seine Kompetenz nach Ansicht der Öffentlichkeit dadurch unter Beweis, daß er die Inflation gering hält. Dagegen unterliegt er im Hinblick auf Arbeitslosigkeit keinem vergleichbaren Test.

Während dies mitunter freimütig zugegeben wird – »die Bekämpfung der Arbeitslosigkeit ist nicht unsere Aufgabe« –, äußern sich der Zentralbankrat und die Finanzwelt im allgemeinen nur mit einer gewissen Zurückhaltung zur preisstabilisierenden Wirkung der Arbeitslosigkeit. Man erklärt, daß ein allzu großer bzw. allzu rascher Abbau der Arbeitslosigkeit mit gewissen Risiken behaftet sei; dagegen vermeidet man es, die preisstabilisierende Wirkung, die von einer hohen Arbeitslosigkeit ausgeht, öffentlich einzugestehen.

Eine solidarische Gesellschaft, die realisierbar sein soll, kann nicht erwarten, Vollbeschäftigung und absolute Preisstabilität miteinander in Einklang bringen zu können; sie kann jedoch einiges tun, um den Widerstreit zwischen beiden auf ein Mindestmaß herabzusetzen. Selbst in einer Zeit, in der die Macht der Gewerkschaften abnimmt, kann die Lohn-Preis-Spirale nicht nur erkannt, sondern auch eingedämmt werden. Lohnabschlüsse können sich im Rahmen bestehender Preisstrukturen halten. Dies war lange Zeit ein anerkanntes Ziel gewerkschaftlicher Tarifverhandlungen in Europa, und es wurde als »das europäische Modell« bezeichnet. Die Unternehmensleitungen ihrerseits müssen die Zurückhaltung der Arbeitnehmer dadurch honorieren, daß sie die Preise ihrer Produkte stabil halten.

In der Vergangenheit haben sowohl konservative als auch linksliberale bzw. sozialdemokratische Regierungen – auch in den Vereinigten Staaten – auf Lohn- und Preiszurückhaltung gedrängt und sie von Zeit zu Zeit mit gesetzlichen Preiskontrollen und Lohnbegrenzungen erzwungen. Dies steht jedoch im Widerspruch zur Grundstruktur des Marktsystems und auch zu machtvollen wirtschaftlichen und öffentlichen Einstellungen und Überzeugungen. Heute kann man bei Lohn-Preis-Verhandlungen allenfalls ein Verantwortungsbewußtsein fordern, das sich am allgemeinen öffentlichen Interesse orientiert.

Wir müssen uns dem unvermeidlichen Zielkonflikt zwischen Arbeitslosigkeit und Inflation stellen. Die solidarische Gesellschaft darf nicht gewisse Bevölkerungsgruppen zu Untätigkeit, sozialer Not und wirtschaftlicher Entbehrung verdammen, nur um das Ziel der Preisstabilität zu verwirklichen. Vielmehr muß sie sich mit dem geringeren Übel von Preissteigerungen abfinden. Auch wenn es keinen einzigen triftigen Grund für eine hohe Inflationsrate gibt – für einen deutlichen Verfall der Kaufkraft des Geldes –, wird doch das fortschreitende Wirtschaftswachstum, das ein hohes Beschäftigungsniveau sicherstellt, zwangsläufig mit einer gewissen Preissteigerung einhergehen. Dies war bereits, ohne abträgliche Folgen, in der Vergangenheit der Fall. Und so wird es auch in der Zukunft sein. Dies ist unter sozialen Gesichtspunkten jedenfalls wünschenswerter als eine Preisstabilität, die mit der deprimierenden Wirkung weitverbreiteter Erwerbslosigkeit erkauft wird.

Man muß begreifen, daß man nicht gleichzeitig Preisstabilität und Vollbeschäftigung erreichen kann. Demgemäß muß die solidarische Gesellschaft handeln, um die unerwünschten Folgen von beiden auszugleichen bzw. auf ein Mindestmaß herabzusetzen. Das Arbeitslosengeld muß großzügig bemessen sein; vereinzelte Fälle von Mißbrauch sind kein Argument gegen diese Unterstützung, auch darf die Entgegennahme dieser Leistung nicht als gesellschaftlich stigmatisierend empfunden werden. Sie ist ein wesentlicher und wichtiger Teil des Systems.

Während die solidarische Gesellschaft sich einerseits damit abfinden muß, daß eine gewisse Inflationsrate unvermeidlich ist, muß sie doch andererseits Maßnahmen ergreifen, um deren negative Auswirkungen zu mildern. So sind insbesondere feste, vertraglich vereinbarte Einkommen, Renten und Pensionen, Gehälter von Lehrern und sonstigen öffentlichen Bediensteten und die elementaren Sozialleistungen an einen Preisindex zu koppeln. Das gleiche gilt – und heute mehr denn je – für den garantierten Mindestlohn. Die Indexierung ist zu einer weithin üblichen Praxis geworden; sie muß nötigenfalls ausgedehnt werden und ist als Regelfall anzusehen. Auch bei der Festsetzung der Zinssätze müssen zu erwartende Preisanstiege bedacht werden; in diesem Punkt ist die Finanzwelt mittlerweile jedoch mehr als hinreichend sensibilisiert.

Wie bereits erwähnt, gehören die Rentenempfänger zu denjenigen, die am energischsten eine Inflationsbekämpfung fordern. Sie stellen in der modernen Gesellschaft eine mächtige Interessengruppe dar, und sie bringen ihre entschieden inflationsfeindliche Einstellung besonders nachhaltig zum Ausdruck. Dies beruht auf ihrem entschiedenen Interesse an hohen Zinserträgen und zugleich stabilen Preisen.

In der Finanzwelt und in weiten Teilen der Öffentlichkeit glaubt man zudem an die sogenannte »Schwangerschaftstheorie der Inflation«. So wie eine Frau nicht ein bißchen schwanger sein könne, so soll es auch nicht nur ein bißchen Inflation geben können. Dies ist natürlich blanker Unsinn; die Inflation kann entsprechend der Schwankung ihrer Determinanten ansteigen oder zurückgehen. Dies entspricht auch der Erfahrung der letzten Jahrzehnte. Die Preise sind kontinuierlich angestiegen, ohne daß dies in eine Katastrophe, sprich: Hyperinflation, gemündet wäre.

Die Jahre nach dem Zweiten Weltkrieg waren durch annähernde Vollbeschäftigung und kräftiges Wirtschaftswachstum sowie einen moderaten jährlichen Preisanstieg gekennzeichnet. Diese Preissteigerung bedeutete jedoch nicht, daß die Dinge außer Kontrolle geraten waren. Anders als heute wurde damals Arbeitslosigkeit nicht als geeignete Maßnahme zur Inflationsbekämpfung begriffen.

Es wäre schön, wenn man bei einer Definition der wesentlichen Merkmale der solidarischen Gesellschaft festlegen könnte, daß Vollbeschäftigung und gleichzeitig auch Preisstabilität erreicht werden sollen. Tatsächlich wurde diese Verknüpfung in vielen früheren Kommentaren als ein wünschenswertes Ziel angeführt. Hier bleibt jedoch, wie immer, das Machbare weit hinter dem Utopischen zurück. Eine niedrige Arbeitslosigkeit ist ein Ziel, bei dem keine Kompromisse möglich sind. Doch dieses Ziel mit absoluter Preisstabilität zu kombinieren, liegt nicht im Bereich des Möglichen.

7. DAS HAUSHALTSDEFIZIT

Es ist nicht so lange her, daß Leute, die sich im Sinne elementarsten gesunden Menschenverstandes äußerten, als etwas exzentrisch, irrational, ja leicht geistesgestört angesehen wurden. Dieses Risiko geht noch heute in den Vereinigten Staaten jeder ein, der sich dem gegenwärtigen politischen Kreuzzug gegen das Haushaltsdefizit – also den Überschuß sämtlicher Staatsausgaben über die Staatseinnahmen – widersetzt. Wie bereits erwähnt, fehlten nur die Stimmen von ein bis zwei Abgeordneten, und die Forderung nach einem ausgeglichenen Haushalt wäre – vorbehaltlich der Zustimmung der Bundesstaaten – zu einer verfassungsrechtlichen Verpflichtung geworden, die den gleichen Rang wie die Meinungsfreiheit oder die Eigentumsgarantie genossen hätte. Die Tatsache, daß bestimmte Staatsausgaben das Defizit erhöhen könnten, genügt mittlerweile, um sie entschieden zu verwerfen; und dies ist selbst bei den dringendsten sozialen Leistungen der Fall, die ausschließlich den Bedürftigsten zugute kommen. Gewisse Staatsausgaben – insbesondere der Verteidigungshaushalt, auf den ich später zurückkommen werde – bleiben allerdings von der öffentlichen Kritik am Haushaltsdefizit verschont, keineswegs dagegen die Aufwendungen für die Ärmsten.

Wie lautet nun in der solidarischen Gesellschaft die maßgebliche Richtschnur für die Kreditaufnahme der öffentlichen Hände und das Haushaltsdefizit?

Es gibt, davon gehe ich hier aus, weder ein Gesetz noch eine zur Tradition gewordene Regel, die einen ausgeglichenen Haushalt – also die Deckungsgleichheit der jährlichen Einnahmen und Ausgaben – zwingend machen. Dies bedeutet jedoch nicht, daß man mit dem Haushalt und Haushaltsdefiziten im modernen Staat sorglos umgehen könnte. Vielmehr ist ein hohes Maß an Sachverstand und Urteilsvermögen gefordert, und beides muß innerhalb der relevanten Rahmenbedingungen zur Geltung kommen. Ich möchte nun – was in diesem Bereich eher selten geschieht – in die konkreten Einzelheiten gehen.

Es gibt drei Grundkategorien öffentlicher Ausgaben. Das sind zum einen die Ausgaben, die keinem erkennbaren gegenwärtigen oder künftigen Zweck dienen; zweitens solche Ausgaben, die die aktuellen wirtschaftlichen oder gesellschaftlichen Verhältnisse sichern bzw. verbessern, und drittens die Ausgaben, die langfristig einen Anstieg der Einkommen, der Produktion und des allgemeinen Wohlstands bewirken oder ermöglichen.

Wenden wir uns zunächst den Ausgaben ohne nützlichen oder notwendigen Zweck zu. Wir müssen uns damit abfinden, daß keine Institution vollkommen ist, und das gilt ganz besonders für den modernen Staat. Jede große – öffentliche oder private – Organisation neigt dazu, mit der Zeit einen Personalüberhang entstehen zu lassen, entsprechend dem universellen Wunsch sämtlicher Führungsebenen, weitere fähige Mitarbeiter oder solche, die man dafür hält, einzustellen. Der berufliche Alltag wird stets angenehmer, wenn man andere hat, die einem die Arbeit und die Mühe des Nachdenkens abnehmen. Die Anzahl der Beschäftigten ist ein allgemeiner Maßstab der sozialen Stellung und des Prestiges ihres Arbeitgebers, wenngleich sie dessen finanziellen Gesamtaufwand erhöhen. Auch gibt es Ausgaben, mit denen politischem oder ökonomischem Interesse, nicht aber allgemeineren öffentlichen Bedürfnissen oder Wünschen entsprochen wird. Und schließlich gibt es noch Ausgaben, die einfach weiterlaufen, obwohl der Zweck, dem sie ursprünglich einmal dienten, nicht mehr gegeben ist.

Sofern sinnlose Aufwendungen nicht erkannt und eliminiert werden – eine der vorzüglichsten Aufgaben der öffentlichen Verwaltung –, bleiben sie eine laufende Belastung des Staatshaushalts. Niemand – abgesehen von den jeweiligen Nutznießern derartiger Freigebigkeit – kann erwarten, daß solche Ausgaben durch öffentliche Kreditaufnahme gedeckt werden. Die Zumutung, nachfolgende Generationen für heutige Verschwendung einstehen zu lassen, findet keinen Rückhalt in der Öffentlichkeit. Beunruhigend an solcher Verschwendung ist, daß sie sich nicht so ohne weiteres aufdecken läßt. Diese Aufgabe wird enorm erschwert durch die seit langem bestehende Tendenz, das als Verschwendung zu definieren, was in Wirklichkeit einem anderen, bedürftigeren Teil der Gemeinschaft zugute kommt.

Die zweite und sehr umfangreiche Kategorie öffentlicher Ausgaben, die durch Steuereinnahmen gedeckt werden müssen, sind die Mittel für die laufenden Leistungen des Staates – für jene Aufgaben also, die heute dringlich sind, aber keine klar erkennbare zeitliche Begrenzung haben. Dazu gehört ein riesiges Spektrum staatlicher Tätigkeiten – die Durchsetzung von Recht und Gesetz, die Außenpolitik, staatliche Subventionen für die Industrie und die Landwirtschaft, das Verteidigungsbudget (das, wie bereits erwähnt, einen Sonderstatus genießt, den wir noch eingehender betrachten werden) und vieles andere mehr. Die Aufnahme von Krediten für die Finanzierung dieser Leistungen läßt sich weder ökonomisch noch sozial rechtfertigen, und der dadurch verursachte Zinsaufwand treibt die Staatsverschuldung weiter in die Höhe. Die laufenden demokratisch legitimierten Funktionen des Staates sollten – vorbehaltlich der übergeordneten fiskalpolitischen Einwirkungen zur Abwehr von Rezession oder Depression – durch Steuern und sonstige laufende Einnahmen finanziert werden.

Bleiben jene öffentlichen Ausgaben, die den künftigen Wohlstand und das Wirtschaftswachstum verbessern sollen. In diesem Fall ist die Aufnahme von Krediten nicht nur legitim, sondern auch sozial und ökonomisch wünschenswert. Eine entsprechende Kreditaufnahme in der Privatwirtschaft wird sogar von den scharfzüngigsten Kritikern der Staatsverschuldung akzeptiert, ja geradezu empfohlen.

Was die moderne Privatwirtschaft für etwas Selbstverständliches hält, ist auch eine angemessene Leitlinie staatlicher Politik. Die Aufwendungen für die laufende Produktion sollten aus den laufenden Einnahmen finanziert werden; bei Investitionen hingegen, die in der Zukunft Erträge und Vorteile erbringen, ist dies nicht nötig. In diesem Fall sollte die Kreditaufnahme als normal angesehen werden. Die Zins- und Tilgungszahlungen sollten aus den Einnahmen finanziert werden; die Investitionsausgaben dagegen nicht. Dies ist heute bei den örtlichen Gebietskörperschaften in den Vereinigten Staaten bereits die Regel. Nur die US-Bundesregierung weist alle Investitionen als laufende Aufwendungen aus. Es gibt keine Logik, die diese Buchführung rechtfertigte, sondern nur Bequemlichkeit, Tradition und politische Rhetorik und Fehleinschätzung.

Wenn öffentliche Ausgaben das künftige Wirtschaftswachstum – die Steigerung der Produktion, des Beschäftigungsniveaus und der Einkommen als der Grundlage künftiger Staatseinnahmen – fördern oder überhaupt erst ermöglichen, dann ist gegen eine Kreditaufnahme nicht das geringste einzuwenden. Dies bedeutet nicht, daß künftige Generationen unbillig belastet würden, denn schließlich werden sie die Nutznießer dieser Ausgaben sein, und es ist nur angemessen, daß sie dafür bezahlen. Unter der Voraussetzung, daß die Steuersätze weitgehend konstant bleiben und die Wirtschaftslage sich stabil hält, können die Tilgungszahlungen aus den langfristig steigenden Steuereinnahmen geleistet werden. Diese Erhöhung der Einnahmen ist mehr oder minder das Ergebnis der langfristigen Investitionsausgaben.

Ein Großteil der öffentlichen Ausgaben trägt so auf lange Sicht reiche Früchte. Das offensichtlichste und am häufigsten angeführte Beispiel sind die Aufwendungen für öffentliche Anlagen; Investitionen zur Verbesserung des Verkehrswegenetzes einschließlich des Luftverkehrs und dessen Überwachung sind ein weiteres Beispiel. Künftige Generationen sollten die Vorteile, die sie aus diesen Infrastrukturleistungen ziehen, auch bezahlen. Das gleiche gilt für die Aufnahme von Krediten zur Verbesserung des öffentlichen Postverkehrs; für die konkurrierenden privaten Postdienste ist diese Inanspruchnahme von Fremdmitteln etwas Selbstverständliches. Doch das Offenkundige ist nur ein Teil, und nicht einmal der wichtigste in dieser Argumentation.

Investitionen in die Gesundheitsvorsorge erhöhen auf lange Sicht die Produktivität der Arbeitnehmer; aufgrund des besseren Gesundheitszustands verringern sich zudem die Ausgaben für die medizinische Versorgung. Entsprechendes gilt für Investitionen in Programmen zur Eindämmung des Drogen-, Alkohol- und Tabakmißbrauchs. Aus Kindern, die durch staatliche Fürsorgeleistungen vor einem Leben in Armut bewahrt werden, werden später einmal leistungsfähige Bürger. Diese Investitionen der Gegenwart werden also langfristig zu Produktivitätssteigerungen führen und für das zusätzliche Einkommen sorgen, dessen Besteuerung dem Staat die Mittel für Zins- und Amortisationszahlungen auf die gestiegenen Schulden verschafft.

Dies sind jedoch nur kleine Ausschnitte des Gesamtbildes. Nichts erhöht langfristig das Einkommen und das Sozialprodukt – den Gesamtertrag der Wirtschaft – so sehr wie ein hohes Bildungs- und Ausbildungsniveau der Bevölkerung. Daraus folgt für die Bewertung von Investitionen in die Zukunft, daß nichts so sicher künftig Früchte tragen wird wie die Aufwendungen für das Bildungswesen, für die Steigerung der Kompetenz und der Produktivität der Menschen. Andererseits sollte ein Großteil der Ausgaben für das Bildungs-, Gesundheits- und Sozialwesen aus den laufenden Einnahmen finanziert werden, denn sie haben keine langfristigen Investitionseffekte. Die Abgrenzung zwischen beiden ist freilich ein Problem.

Es gibt nämlich keine Methode, um die Ausgaben für die gegenwärtigen Bedürfnisse des Bildungs- und Gesundheitswesens, der Sozialhilfe und vieler anderer öffentlicher Dienste von solchen Ausgaben abzugrenzen, die künftige Einkommen vermehren werden. Und es ist durchaus zweifelhaft, ob es sich lohnen würde, die Ausgaben, die in der Zukunft wohlstandssteigernd wirken, genau zu bestimmen. Diese Ausgaben lassen sich zwar begrifflich differenzieren, nicht aber quantifizieren. Es gibt jedoch eine allgemeine Regel.

Unter der Voraussetzung, daß die öffentliche Verwaltung insgesamt effizient arbeitet und daß die öffentlichen Aufgaben mit Umsicht festgesetzt wurden, sollten das Haushaltsdefizit und der damit einhergehende Zinsaufwand im

Zeitablauf in einem konstanten Verhältnis zum gesamtwirtschaftlichen Wachstum ansteigen. Steigen sie schneller an, stellt sich die Frage, ob gewisse Ausgaben nicht im erwarteten Umfang zum Wirtschaftswachstum beitragen. Bleiben sie dahinter zurück, ist zu fragen, ob die öffentlichen Investitionen ausreichen, um das erforderliche Wirtschaftswachstum zu erzielen. Da eine genaue Berechnung der gegenwartsgebundenen und investiven Komponenten des Budgets nicht möglich ist, müssen wir auf volkswirtschaftliche Gesamtgrößen zurückgreifen.

Die Kosten für die Bedienung der öffentlichen Schulden sollten annähernd mit der Zunahme der Mittel Schritt halten, die dafür zur Verfügung stehen. Konkret gesagt: Die Zinsaufwendungen für die Staatsschulden sollten einem relativ konstanten Prozentsatz der wachsenden Gesamteinnahmen, aus denen sie bestritten werden, entsprechen. In den Vereinigten Staaten ist dieses Verhältnis – ungeachtet der Besorgnisse über die öffentlichen Schulden – in der jüngsten Vergangenheit weitgehend stabil geblieben. In den achtziger Jahren nahm die Zinsbelastung des Bundes (gemessen in Prozent des Bruttoinlandsprodukts) stark zu; dies war auf die von der Reagan-Regierung betriebene militärische Aufrüstung und auf die außerordentlich saloppen bzw. von manchen so genannten ultra-keynesianischen Haushaltsgrundsätze der Zeit zurückzuführen. Danach waren die Zinskosten (in Prozent des Bruttoinlandsprodukts) leicht rückläufig, und mittlerweile bleiben sie weitgehend stabil. Künftigen Generationen wird in der Tat die Rückzahlung eines Teils der heutigen Staatsausgaben aufgebürdet. Doch aufgrund der erwähnten Qualifikationen werden sie dies dank höherer Einkommen und verbesserter Lebensumstände bewältigen, die jene Staatsausgaben mit herbeigeführt haben.

Es bleiben noch zwei Punkte zu erwähnen. Das ist zum einen die Notwendigkeit, sich von einer streng jahresbezogenen Betrachtungsweise der Haushaltsentwicklung zu verabschieden. In Zeiten der Hochkonjunktur, in denen die Staatseinnahmen hoch sind, sollte das Defizit zurückgeführt werden. Im Effekt sollten dann Investitionen für künftiges Wirtschaftswachstum verteuert werden. Umgekehrt sollten in Zeiten der Rezession und der damit einhergehenden sozialen Not und Arbeitslosigkeit die öffentlichen Ausgaben für Investitionen und die öffentliche Arbeitsbeschaffung steigen, so daß sich zwangsläufig auch das Etatdefizit vergrößert. Die Argumente für diese kompensatorische Fiskalpolitik wurden bereits angeführt.

Das wirtschaftspolitische Grundprinzip der solidarischen Gesellschaft besteht darin, daß öffentliche Ausgaben und künftiges Wirtschaftswachstum und Allgemeinwohl aufeinander abgestimmt werden. Es erlaubt somit die Bereitstellung von Mitteln für Zins- und Tilgungszahlungen, wobei natürlich die aktuelle Konjunkturlage (Wachstum oder Rezession) berücksichtigt werden muß. Man wird dagegen einwenden, daß dies den Staat überfordere. Die demokratische Staatsführung basiere auf weniger komplizierten, elementareren Regeln. Das mag zutreffen. Doch niemand sollte glauben, daß die Steuerung der modernen Volkswirtschaft eine einfache Sache ist. Vielleicht wird die politische Praxis hinter dem Ideal zurückbleiben. Dies geschieht schon heute in den Vereinigten Staaten und anderen Industrienationen, in denen der Abbau der Staatsverschuldung absolute Priorität genießt oder doch zumindest die öffentliche Diskussion beherrscht. Heute kann sich jedoch niemand mehr darauf berufen, er wisse nicht, was die richtige Politik – die fiskalische Grundlage der solidarischen Gesellschaft – sein muß.

Das Budgetdefizit wird heute, wie bereits erwähnt, als ein Instrument gegen sozial notwendige, aber politisch unerwünschte Maßnahmen benutzt. Gegen sämtliche staatliche Sozialleistungen wird der Einwand vorgebracht, sie erhöhten das Haushaltsdefizit und die Steuerlast unserer Enkel. Dies ist eine ebenso abwegige wie dümmliche Schutzbehauptung. In Wirklichkeit werden künftige Generationen möglicherweise von dem Defizit nachhaltig profitieren, insofern es nämlich ihren allgemeinen Wohlstand und ihre Zahlungsfähigkeit erhöht. So war es jedenfalls in der Vergangenheit, und so sollte es auch in Zukunft sein.

Es wird jedoch noch ein weiteres Argument gegen ein wachsendes Haushaltsdefizit und die öffentliche Vermögensbildung vorgebracht. Die Aufnahme von Krediten auf dem Kapitalmarkt, so heißt es, zehre privates Sparkapital auf und entziehe somit dem privaten Sektor benötigte Investitionsmittel. Dieses Argument wird angeführt, wenn die Zinsen niedrig sind und ein reiches Angebot an anlagesuchenden Geldern besteht; aber es wird auch angeführt, wenn die Zinsen hoch sind und durch geldpolitische Eingriffe der Notenbank gesenkt werden könnten, was mutmaßlich die Investitionstätigkeit stimulieren würde. Dieses Argument räumt Privatinvestitionen für beliebig belanglose Konsumgüter und Dienstleistungen einen höheren Stellenwert ein als öffentlichen Investitionen beliebiger sozialer Dringlichkeit. Die Behauptung, durch die Rückführung der Staatsverschuldung stünde ein größerer Teil der Ersparnisse für Privatinvestitionen zur Verfügung, sollte mit ironischer Distanz als Teil jener allgemeinen Strategie betrachtet werden, die das Haushaltsdefizit als ein Instrument zur Vereitelung des aufgeklärten Gemeinwohls einsetzt.

Die Budget- und die Fiskalpolitik bilden die anspruchsvollsten Instrumente der modernen Wirtschaftspolitik, und dies vor allem, sofern sie das Haushaltsdefizit betreffen; sie bilden die Grundlage für einen Großteil der allgemeinen Politik. Niemand sollte die damit verbundenen Probleme und die zu ihrer Lösung erforderliche Entschlußkraft und das dabei notwendige Maßhalten unterschätzen. Hier wird die ökonomische Grundlage der solidarischen Gesellschaft am deutlichsten sichtbar.

8. Die Verteilung von Einkommen und Macht

Die solidarische Gesellschaft strebt nicht nach einer völlig gleichmäßigen Einkommensverteilung, denn Gleichheit entspricht weder der menschlichen Natur, noch steht sie mit dem Wesen und den Triebkräften des modernen Wirtschaftssystems in Einklang. Wie jeder weiß, unterscheiden sich die Menschen sehr in dem Stellenwert, den sie dem Geld beimessen, und auch in ihren individuellen Fähigkeiten, sich dieses zu verdienen. Und das Engagement und der Leistungswillen, auf die die moderne Wirtschaft angewiesen sind, basieren nicht nur auf dem Streben nach Geld, sondern auch auf dem Drang, möglichst viel davon zu verdienen. Letzteres ist ein Kriterium des sozialen Rangs und eine wichtige Quelle des allgemeinen gesellschaftlichen Ansehens.

Eine einflußreiche gesellschaftstheoretische Schule hat die Auffassung vertreten, daß sich bei weitgehender Einkommensgleichheit die allgemeine Leistungsbereitschaft erhöhen würde – »Jeder nach seinen Fähigkeiten, jedem nach seinen Bedürfnissen.« Sowohl die Geschichte als auch die Praxis haben gezeigt, daß diese Hoffnung, die weit über die Anhängerschaft von Marx hinaus verbreitet war, illusorisch ist. Es ist nun einmal so, daß die Menschen nicht so edel sind. Dies mußten ganze Generationen von Sozialisten und von sozial engagierten Politikern zu ihrer großen Enttäuschung feststellen. Daher muß die solidarische Gesellschaft Männer und Frauen so nehmen, wie sie nun einmal sind. Dies ändert jedoch nichts daran, daß man die Kräfte, die die Einkommensverteilung determinieren, und die Faktoren, die die Einstellungen dazu formen, klar erkennen muß. Zudem sollte ganz pragmatisch eine Politik zur Verteilung der Einkommen formuliert werden.

Da ist zunächst die unumstößliche Tatsache, daß die moderne Marktwirtschaft (in der heute anerkannten Terminologie) eine höchst ungleiche, unsoziale und auch ineffiziente Vermögens- und Einkommensverteilung hervorbringt. So besaßen in den Vereinigten Staaten – heute der Extremfall unter den bedeutenden Industriestaaten – nach Angaben der Federal Reserve, einer höchst vertrauenswürdigen Informationsquelle, im Jahre 1989 ein Prozent der privaten Haushalte fast 40 Prozent und die obersten 20 Prozent der Haushalte über 80 Prozent des Volksvermögens. Die einkommensschwächsten 20 Prozent der Amerikaner erhielten 5,7 Prozent des gesamten versteuerten Einkommens, die bestbezahlten 20 Prozent vereinnahmten 55 Prozent. Im Jahre 1992 erhielten die einkommensstärksten 5 Prozent etwa 18 Prozent der gesamten versteuerten Einkommen. Dieser Anteil hat in den letzten Jahren erheblich zugenommen, während gleichzeitig der Anteil der ärmsten Einkommensgruppen am gesamten versteuerten Einkommen geschrumpft ist. Das darf die solidarische Gesellschaft nicht hinnehmen. Und sie muß auch die fadenscheinige theoretische Rechtfertigung dieser Ungleichheit entlarven. Diese gehört zu den Übungen, denen sich Wirtschaftswissenschaftler mit besonderer Emsigkeit verschreiben. Dennoch können sie nicht verschleiern, daß die ökonomische und gesellschaftliche Doktrin, auf der ihre Legitimationsversuche basieren, den materiellen Interessen (der Habgier, um es klarer zu sagen) untergeordnet ist, denen sie dient.

So wird insbesondere behauptet, es gebe einen moralischen Anspruch: Die betreffenden Personen hätten das Recht, das zu bekommen, was sie verdienen, oder genauer, was sie erhalten. Dieses Argument wird immer mit Nachdruck, manchmal mit Schärfe und oftmals mit selbstgerechter Pikiertheit vorgebracht. Es wird jedoch sowohl durch die Geschichte als auch durch unumstößliche Fakten widerlegt.

Ein Großteil der Einkünfte und des Vermögens läßt sich unter sozialethischen Gesichtspunkten kaum oder gar nicht rechtfertigen, da der Empfänger nur eine geringe oder keine wirtschaftliche Leistung erbringt. Erbschaften sind ein offenkundiges Beispiel hierfür. Das gleiche gilt für Stiftungen, für die Zufälligkeiten und Perversionen der Finanzwelt und für die generösen Bezüge, die sich die Unternehmensleitungen heute aufgrund weitgehender Vollmachten selbst genehmigen. Wie bereits erwähnt, sind die Vorstände von Großunternehmen – in Einklang mit dem klassischen Grundsatz wirtschaftlichen Handels – auf Gewinnmaximierung verpflichtet. Da sie weitgehend der Aufsicht und Kontrolle durch die Aktionäre entzogen sind, maximieren sie ungeniert auch ihren eigenen Gewinn. Dank willfähriger Aufsichtsräte ihrer eigenen Wahl bestimmen sie praktisch selber die Höhe ihrer Gehälter, verschaffen sich Optionen auf Aktien der eigenen Firma und sichern sich für alle Fälle hohe Abfindungen. Es herrscht weitgehend Einigkeit darüber, daß die Vergütung der Spitzenmanager in keiner sachgerechten Beziehung zu ihrer gesellschaftlichen oder wirtschaftlichen Verantwortung steht. Wenn sie eine solche Verantwortung mitunter leidenschaftlich hervorheben, dann dient das als Tarnung für etwas offenkundig Unglaubwürdiges.

Da es den Begüterten widerstrebt, ihr Vermögen und ihr Einkommen als ein soziales, moralisches oder göttliches Recht zu verteidigen, können sie nur zu einer funktionalen Rechtfertigung Zuflucht nehmen. Die zugegebenermaßen ungleichmäßige Verteilung der Einkommen fördere Leistung und Innovation zum Nutzen aller. Und das so verteilte Einkommen bilde den Grundstock für die Ersparnisse und die Investitionen, die ebenfalls dem Vorteil aller dienten. Die Reichen und Begüterten präsentieren sich somit nicht als Sachwalter ihrer eigenen Interessen, sondern als ergebene Diener des Allgemeinwohls. Einigen mag dieser irdische Lohn sogar peinlich sein, doch erdulden sie ihn in der Gewißheit, der allgemeinen Wohlfahrt zu dienen. Soziale und wirtschaftliche Belange werden so eingespannt für die Wahrung persönlicher Interessen. Das wird in der solidarischen Gesellschaft erkannt werden.

Zudem werden die Wohlsituierten und die Reichen in den Vereinigten Staaten durch eine Eigentümlichkeit der Gesellschaftsstruktur geschützt. Immer wenn von der sozialen Schichtung die Rede ist, wird der Mittelstand in den Vordergrund gestellt. Daß es auch eine Ober- und Unterschicht gibt, bleibt weitgehend unerwähnt. Obgleich man es selten offen zugibt, wird unser dreischichtiger Gesellschaftsaufbau praktisch – und mit Hilfe eines arithmetischen Tricks – auf eine Schicht reduziert. Die Mittelschicht, die so dominierend ist, breitet dann einen schützenden Deckmantel über die Reichen aus. So kommen Steuersenkungen, die im Interesse der Mittelschicht erfolgen, auch den Superreichen zugute. In Diskussionen über steuerpolitische Maßnahmen dagegen kommt die Oberschicht als eigenständige Klasse gar nicht vor. Das ist nun einmal die politische Denkweise. Und hier kommt ein starker funktionaler Einfluß zum Tragen, der von der Funktionsweise der Wirtschaft ausgeht.

Die Begüterten können, wie bereits erwähnt, ihr Einkommen nach ihrer sogenannten Liquiditätspräferenz aufteilen; sie haben also die Wahl zwischen der sofortigen Ausgabe für den privaten Konsum und der Investition in Sachkapital einerseits und der Kassenhaltung zum Zwecke künftiger Anlage andererseits. Diese Wahl steht der einkommensschwachen Person oder Familie nicht offen. Sie stehen unter dem Druck existentiellerer Bedürfnisse und sind gezwungen, alle ihre Einkünfte für deren Befriedigung aufzuwenden. Demnach ist eine breite Einkommensstreuung ökonomisch vorteilhaft, da sie dazu beiträgt, eine stetige gesamtwirtschaftliche Nachfrage zu gewährleisten. Je ungleichmäßiger hingegen die Einkommensverteilung wird, um so größer die Wahrscheinlichkeit von negativen ökonomischen Folgen.

Welche Einkommensverteilung wäre demnach wünschenswert? Es kann hier keine feste Regel, keinen akzeptablen Multiplikator für die Relation zwischen den Einkommen der Reichen und den Einkünften der Armen bzw., konkreter, zwischen den Bezügen der Unternehmensspitze und dem Lohn der ungelernten Arbeitskräfte geben. Hier kommt die grundlegende Natur des Wirtschaftssystems ins Spiel, das sich nicht für willkürliche Festlegungen eignet. Notwendig sind vielmehr wirksame korrektive Maßnahmen, die der systemimmanenten und schädlichen Ungleichheit entgegenwirken.

Da ist zunächst einmal das soziale Netz für die Armen. Der Angriff auf die Ungleichheit beginnt mit einer Verbesserung der Chancen für jene, die am unteren Ende der sozialen Stufenleiter stehen. Darauf haben wir bereits hingewiesen.

Da ist zum zweiten die Notwendigkeit, Fehlentwicklungen auf den Finanzmärkten abzustellen. Insiderhandel, gezielte Falschinformation bei der Werbung für Kapitalanlagen, grob fahrlässiges Anlageverhalten wie im Falle des Konkurses der US-Sparbanken, die Firmenübernahmen und die wiederkehrenden Anfälle von Spekulationsfieber wirken sich nachteilig auf die Einkommensverteilung aus. Maßnahmen zur Sicherstellung eines ordnungsgemäßen Geschäftsgebarens bei Finanztransaktionen und ein besseres Verständnis des Spekulationsfiebers haben einen nützlichen Nivellierungseffekt.

Drittens müssen die Aktionäre und die informierte Öffentlichkeit dem Bestreben der Spitzenführungskräfte, ihre persönlichen Einkünfte zu maximieren, Einhalt gebieten. Da ein solches bremsendes Einwirken seitens der Aktionäre und der Öffentlichkeit fehlt, ist die Selbstbereicherung der Führungskräfte, wie bereits erwähnt, zu einer gravierenden Ursache für die sozial unausgewogene Einkommensverteilung geworden. Dem kann nur durch ein gemeinschaftliches Vorgehen der so geschädigten Anteilseigner wirksam begegnet werden. Die Chancen hierfür stehen allerdings eingestandenermaßen nicht besonders gut, denn sie, die Eigentümer der modernen Konzerne, nehmen es erstaunlich gelassen hin, wie sie persönlich ausgebeutet werden.

Es bleiben zwei staatliche Lenkungsmaßnahmen, mit denen eine gerechtere Einkommensverteilung erreicht werden kann; eine davon ist von entscheidender Bedeutung.

Zunächst einmal kann der Staat die gegenwärtigen Steuervergünstigungen und die Subventionen für die Wohlhabenden beseitigen. Diese sind in jüngster Zeit unter dem Beinamen der »Wohlfahrt für Unternehmen« immer mehr zu einer Art Besitzstand geworden. Hierzu gehören die vielfältigen Finanzhilfen und Steuerentlastungen für Unternehmen; die Beihilfen für die Agrarproduzenten, die sich bereits in den höheren Einkommensgruppen befinden, vor allem die überaus großzügigen Zuwendungen an die Zuckermonopolisten und die Subventionen für die Tabakerzeuger; Ausfuhrsubventionen einschließlich der Beihilfen für Waffenexporte; und der größte Brocken von allen: die enormen staatlichen Finanzhilfen für die mittlerweile wieder neu aufblühenden Waffenhersteller, auf die wir später noch eingehen werden.

Das wirkungsvollste Instrument zur Herstellung einer größeren Gleichmäßigkeit der Einkommen ist jedoch noch immer die progressive Einkommensteuer. Sie spielt die zentrale Rolle bei der Verwirklichung einer angemessenen, ja zivilisierten Verteilung von Einkommen. Wie nicht anders zu erwarten, wird sie äußerst engagiert und heftig angegriffen. Die solidarische Gesellschaft dagegen unterstreicht ihre Zweckmäßigkeit, und sie stellt sich darauf ein, daß die davon Betroffenen energisch, laut und beredt dagegen protestieren werden. Sie werden vor allem geltend machen, daß diese Steuer die Leistungsbereitschaft mindere. Wie bereits erwähnt, könnte man nach der gleichen Logik behaupten, daß eine streng progressive Einkommensteuer die Reichen und Wohlsituierten dazu veranlasse, härter zu arbeiten und mehr Einfallsreichtum zu entwickeln, um so die Höhe ihrer Nettoeinkommen zu halten. Im Rückblick auf Erfahrungen der Vergangenheit könnte man darauf verweisen, daß die amerikanische Volkswirtschaft unmittelbar nach dem Zweiten Weltkrieg, als die Grenzsätze der Einkommensteuer eine Rekordhöhe erreichten, ihre höchsten Wachstumsraten, ihre niedrigste Arbeitslosenquote und einige Jahre lang sogar einen erheblichen Haushaltsüberschuß erzielte.

Jedenfalls muß eine gleichmäßigere Einkommensverteilung ein grundlegendes Ziel politischen Handelns in der solidarischen Gesellschaft sein, und zu diesem Zweck ist eine progressive Besteuerung unverzichtbar.

Die Verteilung von Einkommen resultiert in der modernen Volkswirtschaft letztlich aus der Verteilung der Macht. Diese wiederum ist sowohl eine Ursache als auch eine Folge der Einkommensverteilung. Macht fördert die Erzielung von Einkommen; Einkommen verschafft Macht über die finanzielle Entlohnung anderer Menschen. Die solidarische Gesellschaft ist bestrebt, diesen traditionell geschlossenen Kreis aufzubrechen.

Sie versucht dies mit Hilfe von Bevollmächtigung und öffentlichen Maßnahmen zum Schutz der Machtlosen. In der Marktwirtschaft bildet der Arbeitgeber, meistens ein Unternehmen, das natürliche Machtzentrum. Das gesetzlich verankerte Recht der Arbeitnehmer, sich zu organisieren und eine Gegenmacht zu konstituieren, ist daher von großer Bedeutung. Wie Zusammenschlüsse von Kapitalanlegern vom staatlichen Schutz der körperschaftlichen Unternehmensstruktur profitieren, so sollten auch die Arbeiter, die sich zusammenschließen, um höhere Löhne oder bessere Arbeitsbedingungen durchzusetzen, einen weitgehend gleichwertigen Schutz für ihre Organisationen erhalten.

In der jüngeren Vergangenheit kam es vor allem in den Vereinigten Staaten zu einer schleichenden Erosion der gewerkschaftlichen Macht. So ist der Grad der gewerkschaftlichen Organisierung stark rückläufig; dies ist zum einen auf den Schwund arbeitsintensiver Industriebranchen zurückzuführen, zum anderen auf die Verknöcherung der Gewerkschaftsbewegung selbst. Die solidarische Gesellschaft bemüht sich darum, den Machtverlust der Gewerkschaften so weit wie möglich rückgängig zu machen, denn die gewerkschaftliche Organisation der Arbeiter trägt auch weiterhin in erheblichem Maße dazu bei, daß ökonomische Interessenkonflikte auf friedliche Weise beigelegt werden.

Für viele Arbeitnehmer stellt jedoch der Eintritt in eine Gewerkschaft gegenwärtig keine praktikable Lösung dar. Dies gilt vor allem für die breite Palette der Dienstleistungsbranchen. Hier sind, so wie einst im Hinblick auf die Frauen- und Kinderarbeit, direkte staatliche Eingriffe zugunsten der nicht gewerkschaftlich Organisierten erforderlich, wie etwa die Absicherung durch Kranken- und Arbeitslosenversicherung und, was gegenwärtig am wichtigsten ist, die Garantie eines sozial angemessenen Mindestlohns. In der solidarischen Gesellschaft ist dies absolut unverzichtbar. Das am häufigsten gegen den Mindestlohn vorgebrachte Argument, er beeinträchtige die Chancen auf einen Arbeitsplatz, läßt sich schnell abtun, berufen sich doch ausgerechnet diejenigen darauf, die diesen Lohn nicht bezahlen wollen, und außerdem ist dieses Argument empirisch nicht belegt. (Selbst wenn sich die Beschäftigungschancen einiger weniger Arbeitnehmer verschlechtern, wäre der Mindestlohn als Absicherung der breiten Masse immer noch gerechtfertigt.) Die solidarische Gesellschaft muß also nicht nur ein elementares Sicherungsnetz spannen, sondern auch das Arbeitseinkommen ihrer schwächsten Mitglieder sichern.

9. Die herausragende Bedeutung des Bildungswesens

Kaum ein Thema wird so leidenschaftlich diskutiert wie die Rolle des Bildungswesens in der modernen Gesellschaft und vor allem dessen Bedeutung für die Leistungsfähigkeit einer Volkswirtschaft. In sämtlichen Analysen der Wettbewerbsfähigkeit der US-amerikanischen Volkswirtschaft wird betont, wie wichtig gut ausgebildete, beruflich qualifizierte Arbeitskräfte sind. Auch der häufige Hinweis, Bildungsausgaben seien als Humankapital-Investitionen zu betrachten, unterstreicht diesen Punkt. Üblicherweise dienen Investitionen dem Zweck, den Ertrag zu verbessern; die Bildungspolitik ist insoweit ein Aspekt oder genauer: eine Komponente der allgemeinen Wirtschaftspolitik. Diese Annahme bedarf freilich in der solidarischen Gesellschaft einer eingehenden Prüfung.

Daß Bildungsinvestitionen der Volkswirtschaft zugute kommen, ist seit langem allgemein anerkannt. Im 19. Jahrhundert war in den Vereinigten Staaten die Verbesserung des Bildungswesens und der Verkehrswege neben einer effizienten staatlichen Verwaltung das wichtigste und oftmals einzige Thema sämtlicher Reden, in denen die Grundvoraussetzungen des wirtschaftlichen Fortschritts dargelegt wurden. Heutzutage kommen viele Industriebetriebe, die einfache Produkte in Massenfertigung herstellen, in allen Teilen der Welt sehr gut mit ungelernten Arbeitskräften zurecht, weil diese aufgrund der Chance, endlich den Wechselfällen und der Mühsal der primitiven Landwirtschaft zu entkommen, hochmotiviert und äußerst diszipliniert sind. Ein Großteil der arbeitsintensiven Industrie hat deshalb ihre Fertigungsstätten in Länder verlagert, in denen Muskelkraft und eiserner Fleiß noch immer die Grundvoraussetzungen wirtschaftlichen Erfolgs sind.

In den fortgeschrittenen Industriestaaten hingegen spielt das Bildungswesen eine sehr bedeutsame wirtschaftliche Rolle, denn die moderne Volkswirtschaft benötigt gut ausgebildete, anpassungsfähige Arbeitskräfte. Die expandierenden Sektoren – die Hochtechnologie, der stetig wachsende Massentourismus, die Kultur- und Unterhaltungsindustrie und die freien Berufe – sind auf qualifizierte Arbeitskräfte angewiesen. Das Bildungssystem fördert und inspiriert zudem die Innovatoren, die auf die Interessen und Zerstreuungsbedürfnisse einer gut ausgebildeten Bevölkerung eingehen. So wird eine gute Ausbildung zu einer sich selbst verstetigenden wirtschaftlichen Notwendigkeit.

Am häufigsten wird, um es nochmals zu sagen, der wirtschaftliche Nutzen einer guten Ausbildung hervorgehoben. Pädagogen untermauern ihre Forderung nach größerer finanzieller Unterstützung mit wirtschaftlichen Gründen – indem sie ihren eigenen Beitrag zur Leistungsfähigkeit der Volkswirtschaft herausstellen. Wir müssen jedoch eine klare Grenze ziehen. Die solidarische Gesellschaft darf nämlich nicht hinnehmen, daß die Bildung in erster Linie ökonomischen Zwecken dient; vielmehr erfüllt sie eine umfassendere politische und gesellschaftliche Funktion, und sie rechtfertigt sich letztlich aus sich selbst heraus.

Zum einen wirken sich die Bildungschancen nachhaltig auf den inneren sozialen Frieden aus, denn sie eröffnen den Angehörigen der unteren, sozial und wirtschaftlich benachteiligten Schichten die Möglichkeit des sozialen Aufstiegs. Ein gewisses Ausmaß an sozialer und ökonomischer Schichtung ist in der solidarischen Gesellschaft unvermeidlich und die vollständige Beseitigung des Klassensystems mit an Sicherheit grenzender Wahrscheinlichkeit unmöglich. Sozialethische Erwägungen und die politische Stabilität erfordern es aber, daß jedermann die verbürgte und reelle Chance hat, sich im sozialen Schichtengefüge emporzuarbeiten. Besteht diese Chance nicht, dann kommt es mit Sicherheit zu sozialen Spannungen, die sich möglicherweise in gewalttätigen Ausschreitungen entladen.

In den Vereinigten Staaten führte der allmähliche soziale Aufstieg einst zu rebellischem Verhalten neigender irischer, italienischer und jüdischer Einwanderer sowie anderer Minderheiten dazu, daß diese ethnischen Gruppen aus ihrer verzweifelten, zornigen und mitunter kriminellen Auflehnung herauswuchsen, zu friedlichem Engagement in der Gesellschaft fanden und schließlich bis in politische und wirtschaftliche Führungspositionen aufstiegen. Bildung und Ausbildung sind für den einzelnen oder dessen Nachkommen der entscheidende Katalysator des sozialen Aufstiegs. Unqualifizierte Arbeitskräfte sind oftmals gezwungen, abstumpfende, monotone oder anderweitig beschwerliche Arbeiten anzunehmen, sofern sie nicht gleich ganz zur Erwerbslosigkeit verdammt sind. Nur eine solide Ausbildung kann hier Abhilfe schaffen; fehlt diese Chance, entlädt sich die Frustration mit hoher Wahrscheinlichkeit in Kriminalität und Gewalt. Man könnte mit guten Gründen dafür plädieren, den sozial Schwächsten die besten Ausbildungsmöglichkeiten vorzubehalten, denn sie benötigen die damit verbundenen Aufstiegschancen am dringendsten.

In der solidarischen Gesellschaft hat die Bildung noch zwei weitere wesentliche Funktionen. So ermöglicht sie den Menschen zum einen, politisches Bewußtsein zu entwickeln und politische Verantwortung zu übernehmen, und zum anderen, sich umfassend zu entfalten.

Die Demokratie, die Herrschaft des Volkes über sich selbst, ist zweifellos eine sehr anspruchsvolle Regierungsform. Die primitive Agrargesellschaft stellte geringe Anforderungen an den Staat; ein relativ undifferenziertes Bewußtsein genügte sowohl den Regierenden wie den Regierten. Mit dem wirtschaftlichen Fortschritt und der damit einhergehenden sozialen Verantwortung erhöht sich jedoch die Komplexität und Vielfalt der Probleme, die eine Regierung bewältigen muß. Jetzt braucht man entweder sachkundige Wähler, die diesen Problemen und Entscheidungen intellektuell gewachsen sind, oder eine mehr oder minder umfassende Übertragung dieser Aufgaben an den Staat und seinen Verwaltungsapparat. Oder aber man muß sich den Stimmen der Unwissenheit und des Irrglaubens ausliefern, die wiederum das gesellschaftliche und politische Gefüge selbst unterminieren.

Diese Erkenntnis ist nicht neu. Alle Demokratien leben in der ständigen Furcht davor, daß die Unwissenden an Einfluß gewinnen könnten. In den Vereinigten Staaten wissen wir aufgrund der Erfahrungen mit Huey Long, Gerald L. K. Smith, Father Coughlin, George Wallace, mit den radikalen religiösen Fundamentalisten und, in jüngster Zeit, mit den Bürgermilizen, daß ein bestimmter Prozentsatz der Bevölkerung bereit ist, praktisch jede Form von politischem oder gesellschaftlichem Aberwitz zu unterstützen. Nur durch eine geeignete Bildungspolitik kann man diese Minderheit in einer kontrollierbaren Größenordnung halten.

Doch es gibt noch einen weiteren, weniger offenkundigen Zusammenhang zwischen Bildung und Demokratie. Denn Bildung ermöglicht Demokratie nicht nur, sondern macht sie vollkommen. Ein gutes Bildungswesen bringt nicht nur politisch mündige Bürger hervor, sondern es sorgt auch dafür, daß diese ihre Forderungen artikulieren können. Ungebildete Männer und Frauen können insbesondere dann, wenn sie Grundherren hörig sind und weit über ein Gebiet verstreut leben, relativ leicht mundtot gemacht und unter autoritärer Kontrolle gehalten werden. Mit gebildeten Bürgern hingegen, die aufgrund ihrer Bildung politisch interessiert sind und sich Gehör verschaffen können, ist dies nicht möglich. Dies läßt sich heutzutage überall auf der Welt beobachten. Es gibt keine Gesellschaft mit hohem Bildungsstand, die einem diktatorischen Regime unterworfen ist oder die sich nicht zumindest dagegen auflehnt. Andererseits sind Diktaturen in Ländern mit einer armen, ungebildeten Bevölkerung gang und gäbe.

Traditionell wird die Demokratie als ein elementares Menschenrecht betrachtet. Aber sie ist darüber hinaus auch die natürliche Folge eines hohen Ausbildungsstands und wirtschaftlicher Entwicklung. Denn sie ist das einzige praktikable Modell der politischen Herrschaft über Bürger, die aufgrund ihrer Bildung in der Lage sind, ihre Interessen zur Geltung zu bringen, und die nicht in stummer Unterjochung gehalten werden können. Daher gilt, um es nochmals zu sagen: Bildung macht Demokratie nicht nur möglich, sondern, im Zusammenwirken mit wirtschaftlicher Entwicklung, geradezu notwendig, ja unumgänglich.

Doch gute Bildung hat noch einen weiteren Vorzug: Sie erweitert den geistigen Horizont und dadurch die Möglichkeiten, das Leben zu genießen. Die Bildung eröffnet dem einzelnen den Zugang zu den subtilen Genüssen der Sprache, der Literatur, der bildenden Kunst, der Musik und der Welt in der bunten Fülle ihrer natürlichen und kulturellen Erscheinungen. Die Gebildeten waren sich dieser wertvollen Bereicherung ihres Lebens von jeher bewußt; doch erst die allgemeine Erweiterung der Bildungschancen bewirkte, daß breite Bevölkerungsschichten in den Genuß dieses Vorzugs kamen.

Es wurde früher und wird – in weiten Kreisen auch heute noch – als selbstverständlich erachtet, daß die Kinder der ökonomisch und sozial Privilegierten Zugang zu den besten Bildungseinrichtungen haben und deren bleibende Vorteile genießen. Und daß sie für die Inanspruchnahme dieses Angebots – oftmals stattliche Summen – bezahlen. Dies führte zur Gründung der Privatschulen und privaten Colleges in den Vereinigten Staaten. Mit der durch diese Bildung vermittelten Lebensbereicherung rechtfertigte man deren Kosten.

Als diese Situation in neuerer Zeit zunehmend in die Kritik geriet, bemühte man sich, diesen einst unverhohlen elitären Bildungseinrichtungen einen demokratischen Anstrich zu geben, indem man den ökonomisch und sozial Benachteiligten Stipendien und finanzielle Unterstützung gewährte. Dem gleichen Zweck – wenn auch mit größerer sozialer Durchlässigkeit – diente der Aufbau des öffentlichen Systems der Hochschulausbildung, das von staatlichen Universitäten getragen wird, die die besten ihrer Art in der Welt sind. Auch davon profitieren jedoch in erster Linie die Wohlsituierten, denn den Bedürftigen bleiben die staatlichen Hochschulen weitgehend verschlossen, weil die mittelmäßigen, finanziell schlecht ausgestatteten Grund- und weiterführenden Schulen vor allem in den Großstädten ihnen diese Chance verbauen. Hierin besteht möglicherweise die brutalste Form sozialer Diskriminierung in den Vereinigten Staaten: Während einigen ganz selbstverständlich die Möglichkeit umfassender Selbstentfaltung zu-gebilligt wird, bleiben viele andere davon ausgeschlossen.

Aus dem Vorangehenden wird der Stellenwert der Bil-dung in der solidarischen Gesellschaft deutlich. Jedes Kind muß nicht nur Zugang zu Grund- und höherer Schulbil-dung haben, sondern auch dazu angehalten werden, diese Chance zu nutzen. Druck und Disziplin sind hier notwen-dig, denn die solidarische Gesellschaft läßt ihren jüngsten Mitgliedern nicht die freie Wahl zwischen Strebsamkeit und jugendlicher Zerstreuung. Im Anschluß an die schulische Ausbildung sollte jeder gemäß seinen Zielwünschen, aber auch seinen Fähigkeiten, die Möglichkeit erhalten, ein Hochschulstudium zu absolvieren. Für all dies müssen öf-fentliche Mittel bereitgestellt werden. Es gibt keine eindeu-tigere und aussagekräftigere Bewährungsprobe für die soli-darische Gesellschaft als ihre Bereitschaft, Steuern zu erheben – das heißt, auf privates Einkommen und auf die teuren Nichtigkeiten des privaten Konsums zu verzichten –, um ein qualitativ hochwertiges Bildungssystem für alle ihre Bürger aufbauen und unterhalten zu können. Der volks-wirtschaftliche und ebenso der politische Nutzen stehen hierbei außer Frage. Doch der eigentliche Gewinn besteht in jenem ganzheitlicheren, tieferen und besseren Leben für alle, wie es nur durch Bildung zu erreichen ist.

Private und religiöse Schulen, Colleges und Universitä-ten werden selbstverständlich ebenfalls gefördert, denn sie sind Ausdruck der Freiheit, die die Substanz einer freien Gesellschaft ausmacht. Sie dürfen jedoch nicht den Zweck verfolgen, denen, die es sich leisten können, überdurch-schnittliche Bildungschancen zu eröffnen.

Das Ansehen und die Besoldung der Lehrberufe müssen dem hohen Stellenwert der Bildung in der modernen Gesellschaft entsprechen. Die Bildungseinrichtungen müssen beste Fachleute und Pädagogen für sich gewinnen und ihre Leistungen gebührend anerkennen. Alle, denen eine solidarische Gesellschaft am Herzen liegt, sollten gewissenhaft über zwei sehr bezeichnende Sachverhalte nachdenken. Das ist zum einen die Diskrepanz zwischen den Unsummen, die heute fürs Fernsehen ausgegeben werden, das die Kinder so sehr in seinen Bann zieht, und den bescheidenen Mitteln, die für ihre Schulen und für die Bezahlung ihrer Lehrer bereitgestellt werden. Und das ist zum anderen das enorme Ungleichgewicht bei der Bewilligung von Geldern für das Militär auf der einen Seite und für das Bildungswesen auf der anderen. Dies ist ein Punkt, der eine eingehendere Betrachtung verdient.

10. Öffentliche Regulierung

Die Grundsätze

Die Marktwirtschaft basiert auf der ungeplanten, unge-
steuerten Reaktion kleiner und großer Unternehmen
auf die Wünsche und die Kaufkraft der Verbraucher im In-
und Ausland. Die Kaufkraft, die diesen Mechanismus an-
treibt, geht aus der wirtschaftlichen Tätigkeit hervor, auf
welche die Kaufkraft reagiert – ein geschlossener Kreislauf.
Das ist das Wesen des marktwirtschaftlichen Systems. Nach
dem Zusammenbruch des Sozialismus in Osteuropa und
der Sowjetunion und seiner tiefgreifenden Umgestaltung
in China gibt es keine Systemalternative mehr. Eine zentrale Frage lautet, inwieweit dieser ökonomische Kreislauf –
dieser Regelkreis – unabhängig funktioniert und inwiefern
er auf die Ausweitung bzw. Verminderung der Kaufkraft –
der effektiven Nachfrage – angewiesen ist, die das System in
Bewegung hält. Darüber hinaus stellt sich die nicht minder
dringliche Frage, wie sich dieser Kreislauf so regeln und
steuern läßt, daß er dem öffentlichen Interesse dient und
nicht schadet, insbesondere, welche wirtschaftslenkenden
staatlichen Eingriffe erforderlich sind. Letzteres gehört zu
den umstrittensten gesellschaftlichen und politischen Fragen der Zeit. Auf der einen Seite stehen hier diejenigen, die
die autonome Selbststeuerung des Marktsystems, und vor
allem die pekuniären Interessen der daran Beteiligten unterstützen, auf der anderen Seite all jene, die die offenkun-

dige Notwendigkeit von Interventionen erkennen, um gemeinwohlschädliche oder in höchstem Maße selbstzerstörerische Tendenzen aufzuhalten. Erst in jüngster Zeit gab es in den Vereinigten Staaten massive ideologisch motivierte Attacken gegen eine öffentliche Reglementierung der Wirtschaft und regulierende Eingriffe in die Wirtschaft. Auch darin zeigt sich eine Flucht vor der Mühsal des Denkens. Denn es gibt in diesem Bereich keine allgemeingültigen Regeln, vielmehr muß man, wie in anderen Bereichen auch, jeweils nach Lage des konkreten Einzelfalls entscheiden.

Es gibt vier Faktoren, die zu öffentlicher Intervention und Regulierung zwingen: Erstens die Notwendigkeit eines langfristigen Schutzes der Erde mit Hilfe rechtlicher Schutzvorschriften für die Umwelt. Darauf werde ich im nächsten Kapitel eingehen. Zweitens die Notwendigkeit, die schwächsten Mitglieder der Gesellschaft vor den negativen Folgen konjunktureller Schwankungen zu schützen. Damit habe ich mich in einem der vorangehenden Kapitel befaßt. Drittens neigen die Unternehmen immer wieder dazu, technisch fehlerhafte oder sogar gesundheitsgefährdende Güter und Dienstleistungen zu produzieren und zu vertreiben. Und schließlich wohnen dem System selbst Tendenzen inne, die selbstzerstörerisch auf seine Funktionstüchtigkeit wirken. Jeder dieser Faktoren ruft, um es noch einmal zu sagen, heftige, ideologisch gefärbte Kontroversen zwischen denjenigen hervor, die das System als völlig autonomes Gebilde – und sich selbst als dessen verdiente Nutznießer – betrachten, und jenen, die für Schutz- und Korrekturmaßnahmen plädieren.

Noch ein Wort zum Schutz der Arbeitnehmer. In der solidarischen Gesellschaft muß jedem Beschäftigten Krankenversicherungsschutz gewährt werden; dies war eine der bedeutendsten zivilisatorischen Errungenschaften der

Moderne. Außerdem ist eine Unfallversicherung, die bei Arbeitsunfällen und Berufskrankheiten Rehabilitations- und Geldleistungen erbringt, unverzichtbar; ebenso wichtig ist die Unfallverhütung am Arbeitsplatz. Und, wie bereits erwähnt, ist nach wie vor die Einkommenssicherung für Arbeitnehmer in Kleinbetrieben vor allem in den Dienstleistungsbranchen dringend erforderlich. Im allgemeinen jedoch hat die Rolle der Regierung und öffentlicher Regulierung im Bereich der Arbeitgeber-Arbeitnehmer-Beziehungen im Verlauf des 20. Jahrhunderts an Bedeutung verloren. Einst war in den Vereinigten Staaten mit der Mitgliedschaft im National Labor Relations Board eine große öffentliche Aufmerksamkeit verbunden, heute dagegen ist sie ein sicheres Mittel, um in der völligen Anonymität zu versinken.

Einst stellte der Wirtschaftsapparat die einfachen, elementaren Güter des Grundbedarfs bereit – Nahrung, Kleidung, Unterkunft, Heizmaterial, Beförderungsmittel, Grundstoffe. Immer wenn einer dieser Märkte unter monopolistische Kontrolle geriet, waren Entbehrung und Not die Folge. Aus diesem Grund wurden kartellrechtliche und andere Maßnahmen ergriffen, um die Ausbeutung der Konsumenten durch monopolistische Anbieter zu verhindern.

Heutzutage hat aufgrund des wirtschaftlichen Wandels und des höheren Lebensstandards die Notwendigkeit gesetzlicher Auflagen für Produkte und Produzenten sowohl zu- als auch abgenommen. Die wachsende Globalisierung der Wirtschaft – um ein Modewort zu benutzen – hat die Gefahr monopolistischer Marktmacht und Ausbeutung verringert. So gibt es heute in den Vereinigten Staaten statt drei Automobilherstellern, die ein Oligopol bildeten, zahlreiche in- und ausländische Wettbewerber. Auch auf dem Computer- und Software-Markt, der einst von IBM dominiert wurde, tummeln sich heute zahlreiche Anbieter. Das gleiche gilt für andere Staaten.

Allgemein gilt, daß der Konsument in einer Volkswirtschaft mit einem stetig zunehmenden Angebot an Gütern und Dienstleistungen immer mehr Wahlmöglichkeiten hat, die sich immer weiter von elementaren Grundbedürfnissen entfernen. Jeder kann sich bei der Wahl zwischen einem Cadillac und einem Mercedes-Benz – oder auch zwischen weniger prestigeträchtigen Autos – seinen ganz persönlichen Irrtum erlauben. Und das gleiche gilt für die Präferenz bei unterschiedlichen Designer-Jeans oder alternativen Frühstücksnahrungen. Die moderne Verbraucherschutzbewegung hat vornehmlich den komparativen Nutzen konkurrierender Produkte, die sich weitgehend gleichen oder deren Unterschiede nicht sonderlich ins Gewicht fallen, im Blick. Die Monopolmacht eines einzigen Anbieters ist nicht länger von Belang.

Es gibt jedoch auch eine andere Seite. Denn mit steigendem Wohlstand nimmt die Notwendigkeit öffentlicher Regulierung ab, in gewissen Bereichen dagegen nimmt sie zu. Vor der Erfindung des Automobils war das Problem der Kfz-Unfallsicherheit nicht existent. Auch bedurfte es keiner Geschwindigkeitsregelungen, keiner städtischen Verkehrssteuerung und keiner Maßnahmen gegen Trunkenheit am Steuer. Und auch Schutzvorschriften gegen Umweltverschmutzung erübrigten sich. Das gleiche gilt für viele andere Produkte, angefangen von Spielzeugen bis hin zum Asbest. Die modernen elektronischen Kommunikationstechnologien stellen ebenfalls ein neues und umstrittenes Feld für Regulierungsmaßnahmen dar. Ein größeres, noch dringlicheres Problem besteht darin, den Käufer vor unbeabsichtigt falschen oder absichtlich irreführenden Informationen zu schützen. Dies ist insbesondere im Bereich von

Heilbehandlungen und Medikamenten der Fall. Ist der Bedarf der Verbraucher an Gebrauchsgegenständen, an körperlichem Wohlbefinden und an Zerstreuungen weitgehend gesättigt, wenden sie sich vermehrt Dingen zu, die das Leben zu verbessern und zu verlängern scheinen und die seelische Bereicherungen versprechen. Und natürlich werden sich eifrige Anbieter um die Schließung dieser Marktlücke bemühen. Hier besteht weitgehende Einigkeit darüber, daß gesetzliche Maßnahmen zum Schutz der Verbraucher vor gesundheitsschädlichen Medikamenten und Behandlungsformen unverzichtbar sind.

Am dringlichsten und gleichzeitig umstrittensten ist jenes Feld der öffentlichen Regulierung, das mit Dingen zu tun hat, die die Funktionsweise des Wirtschaftsapparates selbst betreffen. Fehlverhalten in diesem Bereich kann gravierende Schäden anrichten, doch selbst wenn dies ganz offensichtlich der Fall ist, können korrigierende Eingriffe auf entschiedenen Widerstand stoßen.

Das Wirtschaftssystem funktioniert nur dann reibungslos, wenn bestimmte Verhaltensregeln strikt eingehalten werden. An erster Stelle steht hier grundsätzliche Redlichkeit, das bedeutet, daß die Kapitalanleger, die Öffentlichkeit insgesamt und, wie bereits erwähnt, die Verbraucher über alle wesentlichen Umstände wahrheitsgemäß zu unterrichten sind. Da jedoch gerade bei Finanzgeschäften Verletzungen der Informationspflicht sowohl einträglich als auch schädlich sind, wird diese Aufklärung sehr wahrscheinlich unterbleiben. Daher sind Vorschriften erforderlich, die falschen oder irreführenden Auskünften über die Ertragsstärke und Leistungsfähigkeit eines Unternehmens bzw. über die Renditeaussichten einer Kapitalanlage einen Riegel vorschieben. Es gibt noch viele andere Tricks, um schlecht informierte oder einfältige Verbraucher zu hintergehen.

Insbesondere, dies ist unbestritten, sind abschreckende Kontrollen notwendig, die den Insiderhandel, der auf der gezielten Nutzung von Informationsvorsprüngen beruht, verhindern. Fragwürdig sind auch Mammut- bzw. feindliche Übernahmen, durch die der Zielgesellschaft eine existenzgefährdende Schuldenlast aufgebürdet wird, und anhaltende Grundstücks- und Wertpapierspekulationen mit ihren zwangsläufig negativen ökonomischen Folgen. Es gibt nur wenige Dinge, unter denen die moderne Gesellschaft mehr gelitten hat, als unter den Auswüchsen und Irrtümern der sogenannten Finanzwelt, die zu ihren besseren Zeiten noch den mondän schillernden Namen »Hochfinanz« trug.

Die solidarische Gesellschaft muß – eingedenk der Erkenntnis, daß Geld nicht unbedingt mit Intelligenz einhergeht – in der Finanzwelt mit suboptimalen Leistungen rechnen, zumal jede nachwachsende Generation voller Begeisterung die Versäumnisse und Irrwitzigkeiten der vorangehenden wiederholt.

All dies, zusammen mit dem Umweltschutz, gibt den Rahmen unentbehrlicher öffentlicher Regulierung in der solidarischen Gesellschaft vor. Es gibt, um es nochmals zu sagen, keine allgemeingültige Grundregel, die für oder gegen Regulierungsmaßnahmen insgesamt spricht. Wie so oft, darf man sich auch hier nicht vor der Mühsal des Denkens in die Ideologie flüchten; es kommt ganz auf den konkreten Einzelfall an. Es liegt in der Natur des Systems, daß die darin ablaufenden Produktionsprozesse oder dessen Produkte gemeinwohlschädliche Folgen haben können, die sich vielleicht erst langfristig zeigen oder auch bewußt ignoriert werden. Die moderne Wohlstandsgesellschaft mit ihrem reichhaltigen Warenangebot macht regulatorische Eingriffe in manchen Bereichen unnötig, in anderen dagegen um so dringlicher. Auch hängt die Funktionstüchtigkeit des Wirtschaftssystems selbst davon ab, daß der Staat die entsprechenden gesetzlichen Rahmenbedingungen schafft. Ebensowenig wie man Regulierung per se gutheißen kann, läßt sie sich generell verwerfen. Die einzige Regel, die es hier gibt, lautet: Immer wenn eine konkrete regulierende Maßnahme zur Debatte steht, sollte man nachforschen, ob ein eigennütziges materielles Interesse der treibende Faktor in der Argumentation für diese Maßnahme ist.

11. DIE UMWELT

Die solidarische Gesellschaft stellt an das Wirtschaftssystem drei Grundforderungen, die jeweils ihren spezifischen Sinn und Zweck haben. Erstens sollte die Wirtschaft alle erforderlichen Konsumgüter und Dienstleistungen bereitstellen. Zweitens sollte sich die Nutzung und der Verbrauch dieser Güter und Dienstleistungen nicht nachteilig auf das gegenwärtige Wohl der Gesellschaft als Ganzes auswirken. Und drittens sollte dieser Konsum das Leben und Wohlergehen künftiger Generationen nicht beeinträchtigen. Die letzten beiden Forderungen stehen, wie man im wirtschaftlichen und politischen Alltag deutlich beobachten kann, oftmals im Gegensatz zur ersten. Hierbei wird meistens auf die möglichen Umweltbeeinträchtigungen verwiesen. Im folgenden möchte ich diese Problematik kurz aus der Sicht der solidarischen Gesellschaft darlegen.

Die Produktion von Gütern und Dienstleistungen ist ein Problem, das in den reichen Staaten der Erde weitgehend gelöst ist. Zwar stellt sich nach wie vor das Problem der konjunkturellen Schwankungen und der Verteilung der Erträge und Entgelte. Doch die Fähigkeit der modernen Volkswirtschaft, alles, was das Herz des Verbrauchers begehrt, in Überfülle zu erzeugen, steht außer Frage. Wie bereits gesagt, geht dies weit über die Befriedigung vorgegebener, »natürlicher« Bedürfnisse hinaus. Eine riesige,

äußerst aktive Werbewirtschaft und die Beeinflussungs-
macht der modernen Massenmedien, allen voran Fernsehen und Radio, sind heute unverzichtbar, um dem Verbraucher Wünsche zu suggerieren und auf diese Weise den
Konsum anzukurbeln.

Die Umweltprobleme resultieren aus den Auswirkungen
von Produktion und Konsum auf die derzeitige Gesundheit, das Wohlbefinden und das Wohlergehen der Gesellschaft insgesamt. Sie ergeben sich aber auch aus Folgewir-
kungen für die Zukunft, wie etwa der Erschöpfung der
natürlichen Ressourcen, die gegenwärtig noch im Überfluß
verfügbar sind und sorglos verbraucht werden.

Die Erscheinungsformen heutiger Schäden sind leider
nur allzu bekannt: Luft- und Wasserverschmutzung, das
gewaltige und sich ständig verschärfende Problem der Abfallbeseitigung, die unmittelbare Gesundheitsgefährdung
durch die angebotenen Produkte und Dienstleistungen
und die »visuelle Umweltverschmutzung«, die dadurch entsteht, daß urbane und ländliche Lebensräume immer stärker durch Produktions- und Vertriebsstätten – insbesondere große Einkaufszentren – verunstaltet werden. Nicht
selten gehen gesundheitliche Beeinträchtigungen und
visuelle Umweltverschmutzung Hand in Hand. In den
großen Tagen der Stahlproduktion waren Pittsburgh, die
Grafschaften Mittelenglands und das Ruhrgebiet sowohl gesundheitsgefährdende als auch landschaftlich abstoßende
Regionen.

Abgesehen von den gegenwärtig spürbaren Auswirkungen gibt es eine Vielzahl langfristiger Folgen: Die mit Zeit-
verzögerung eintretenden Schäden infolge der Luftverschmutzung, wobei die globale Erwärmung und das
gehäufte Auftreten von Lungenkrebs und -emphysemen
die am meisten diskutierten Beispiele sind; weitere kata-

strophale Klimaveränderungen, etwa infolge der Vernichtung der Regenwälder; die Erschöpfung von Erz- und Erdölvorkommen sowie von anderen Bodenschätzen, von denen der Gegenwartskonsum abhängig ist; und als Fernfolge des ungebremsten Bevölkerungswachstums und der Verstädterung: die Erschöpfung der bewohnbaren Lebensräume selbst. Darüber hinaus gibt es außerordentlich komplizierte Probleme, die mit dem Artenschutz und, vor allem in den Vereinigten Staaten, mit dem Schutz von staatlichen Ländereien und Naturschutzparks vor einer aggressiven gewerblichen Invasion oder kommerziellen Ausbeutung zusammenhängen.

Dies sind die gegenwärtigen und langfristigen Umwelteffekte unserer Konsumwirtschaft. Wie reagiert die solidarische Gesellschaft auf diese Herausforderungen?

Zunächst einmal ist ein nachhaltiges Interesse wohlinformierter Bürger erforderlich. Umweltschutz zeitigt keinen unmittelbaren wirtschaftlichen Nutzen; damit er breite Unterstützung findet und seine Ziele erreichen kann, bedarf es einer regen und fortgesetzten öffentlichen und politischen Diskussion über die geeigneten Maßnahmen. In dieser Hinsicht ist die aktuelle Situation nicht völlig entmutigend, da Umweltfragen heutzutage auf breite öffentliche Resonanz stoßen. Da dies von existentieller Bedeutung ist, muß die solidarische Gesellschaft diesen öffentlichen Diskurs nach Kräften fördern.

Darüber hinaus ist ein umfassendes Verständnis der wirtschaftlichen und politischen Lage erforderlich. Wie bereits angedeutet, besteht ein systemimmanenter Widerspruch zwischen den aktuellen und insbesondere den künftigen Umweltschutzbelangen und der Triebfeder der Marktwirtschaft, die in der kurzfristigen Gewinnerwartung des produzierenden Unternehmers liegt. Dafür wiederum wird die ganze Energie und Intelligenz verwandt, die das Wirtschaftssystem in materieller und geistiger Hinsicht antreiben. Jegliche Beeinträchtigung dieses Systems und seiner Motivation wird als sozial und ökonomisch schädlich gebrandmarkt, zumal von denen, die davon betroffen sind. Ein Verzicht auf Entscheidungsfreiheit und Gewinn zum Schutz der Menschheit oder künftiger Generationen wird als eine Beschneidung eben der Freiheit, die wirtschaftlichen Erfolg erst schafft, betrachtet. Dieser Widerstreit wird auch nicht dadurch gemildert, daß die Regierung – der Staat – der wichtigste Sachwalter der gegenwärtigen und langfristigen Umweltinteressen ist. Umweltschutzgesetze lassen sich erfolgreich vereiteln, indem man den Staat als eine Instanz unberufener Einmischung verunglimpft, was sich gerade heutzutage großer Beliebtheit erfreut.

Das Spannungsverhältnis zwischen den gegenwärtigen und künftigen Auswirkungen der Konsumwirtschaft auf das Allgemeinwohl einerseits und der kurzfristigen Dynamik des Wirtschaftssystems andererseits läßt sich Tag für Tag wahrnehmen, und es wird Tag für Tag diskutiert. Ein Energieversorgungsunternehmen liefert seinen Kunden Strom und Licht. Dadurch trägt es zur Luftverschmutzung, zum Problem der Brennstoffentsorgung, höchstwahrscheinlich zur Ressourcenvernichtung und, in manchen Fällen, zum Risiko einer nuklearen Katastrophe bei. Das Automobil, das gewissermaßen den Mittelpunkt der modernen Konsumwirtschaft bildet, trägt ebenfalls zur Luftverschmutzung und durch Inanspruchnahme und Nutzung von Straßenraum auch zur urbanen Umweltbelastung bei. Hinzu kommt die Tatsache, daß das Auto aufgrund seines Kraftstoffverbrauchs langfristig die Erschöpfung der Mineralölvorkommen beschleunigt. Lange Zeit deckten die Vereinigten Staaten ihren Benzinbedarf aus ihren eigenen

Erdölfeldern. Heute, nachdem in nur wenigen Jahrzehnten die Zahl und Nutzung der Pkws und Lkws drastisch zugenommmen hat, sind die USA im Hinblick auf die Deckung ihres Rohölbedarfs geradezu eine Geisel der Staaten des Nahen Ostens geworden. Eines – zugegebenermaßen fernen – Tags werden die dortigen Vorkommen stark geschrumpft oder völlig erschöpft sein. Die Bauwirtschaft ist ein weiterer bedeutender Sektor der modernen Volkswirtschaft; sie kann zur weiteren Vernichtung der Wälder, zur Gefährdung dort vorkommender Tier- und Pflanzenarten und zu einer Verminderung des Erholungs- und Genußwertes von Waldgebieten beitragen.

Die Auswirkungen einer dynamisch wachsenden Wirtschaft auf die visuelle Umweltverschmutzung verdienen gesonderte Erwähnung. Wir führten bereits die düsteren, häßlichen Fabriken in den bedeutenden Zentren der Stahlproduktion an. Heutzutage bedrängt uns die Verschandelung des Landschaftsbildes entlang der Landstraßen durch den Kommerz und seine monströse Werbung, die den Umsatz stützen soll. Hier ist der langfristige Schaden bereits eingetreten. So ist das Landschaftsbild, das sich dem Reisenden in den Vereinigten Staaten bietet, heute sehr viel weniger ansprechend als vor hundert oder auch noch vor fünfzig Jahren. Und das gleiche gilt, wenn auch in geringerem Maße, für andere reiche Länder. Großbritannien, Frankreich und die Schweiz kümmern sich verdienstvollerweise sehr viel mehr um die Erhaltung ihrer typischen Landschaften. In weiten Teilen Japans, das einst bezaubernde Landstriche besaß, nehmen sich die Straßenplaner offenbar mittlerweile die landschaftliche Anmut von Jersey City, New Jersey, zum Vorbild.

Die solidarische Gesellschaft leugnet nicht die Existenz des Konflikts zwischen elementaren ökonomischen Triebkräften und den gegenwärtigen und langfristigen Auswirkungen auf die Umwelt. Sie bemüht sich, diesen Konflikt auf rationale Weise zu lösen, aber weder Gebete noch öffentliche Rhetorik werden die Lösung bringen. Es führt kein Weg daran vorbei, hier geht es um eine Aufgabe der Regierung, denn sie kann regulierend eingreifen, wenn das Gemeinwohl dies heute und für die Zukunft erfordert.

Das marktwirtschaftliche System und seine Anreize bilden einen anerkannten Bestandteil der solidarischen Gesellschaft; das steht außer Zweifel. Doch es gibt kein gottgegebenes Recht auf völlig freie Marktwirtschaft, auf gänzlich uneingeschränkte Wahlfreiheit – weder für den produzierenden Unternehmer noch für den Verbraucher. Elementare Gemeinschaftsinteressen müssen geschützt werden. Dazu gehört die Vorsorge für das künftige Klima und das Wohlergehen künftiger Generationen; auch sind nichterneuerbare Ressourcen soweit wie möglich zu schonen. Da unser Wirtschaftssystem auf der Produktion und dem Verbrauch von Konsumgütern und Dienstleistungen basiert, ist ein Ausgleich zwischen den kurzfristigen Ertrags- und den langfristigen öffentlichen Interessen unumgänglich. Grundsätzlich muß dieser Kompromiß jedoch die grundlegenden Gemeinschaftsinteressen und die Belange künftiger Generationen stärker gewichten, und zwar deshalb, weil die politische Macht eng mit der wirtschaftlichen Macht verflochten ist – mit den Firmen, die Güter und Dienstleistungen produzieren, ihren Lobbies und den von ihnen abhängigen oder den von ihnen beeinflußbaren Politikern. Die Gesellschaft als Ganze und die ferne Zukunft haben nicht so einflußreiche Fürsprecher.

In der solidarischen Gesellschaft braucht die Umwelt eine starke Lobby, die von ihren Mitgliedern mit den nötigen finanziellen Mitteln ausgestattet wird. Auch sollte eine wohlbegründete Annahme in der öffentlichen Diskussion und für politisches Handeln immer zugunsten der Umwelt gewichtet werden. Wirtschaftlicher Gewinn – der Profit – und der religiöse Eifer, mit dem dessen unbehinderte Erzielung regelmäßig verteidigt wird, sind bei der Gegenpartei – den Produzenten, den Lieferanten und ihren Marketing- und Werbefachleuten – zu finden. Ausgewogenheit in der öffentlichen Diskussion setzt voraus, daß die gegenwärtigen und langfristigen Umweltschutzinteressen engagierte und überzeugende Befürworter haben. Diese dürfen zwar nicht gegen intelligente Kritik immun sein, aber das Gewicht der öffentlichen Meinung und politischer Unterstützung sollte immer auf ihrer Seite sein.

12. Einwanderung

Das vielleicht umstrittenste Problem jeder modernen Gesellschaft, das in seiner Bedeutung der Hilfe für die Armen kaum nachsteht, ist das der Migration – der Wanderung von Menschen aus unterentwickelten in höher entwickelte Länder und deren Auswirkung auf das gesellschaftliche und wirtschaftliche Leben in den Zuwanderungsstaaten. Dieses Problem stellt sich in den Vereinigten Staaten, Kanada und Westeuropa und in Zukunft vermutlich auch in Japan.

Expandierende Volkswirtschaften sind in wachsendem Maße auf eingewanderte ausländische Arbeitskräfte angewiesen. Ohne dieses Arbeitskräfteangebot käme es zu schwerwiegenden ökonomischen Funktionsstörungen, ja Katastrophen. Dennoch gibt es eine mächtige politische Strömung, die die Einwanderung zutiefst mißbilligt, einen bitteren Groll gegen die Zuwanderer hegt und fanatisch gegen deren Aufnahme und dauernde Anwesenheit agitiert. In sämtlichen hochentwickelten Industrienationen mit Ausnahme von Japan ist das Problem der Migration eine wesentliche politische Streitfrage.

Deren grundlegende Fakten stehen außer Frage. In Westeuropa, dem anschaulichsten Beispiel, sind zahlreiche Industrie- und Dienstleistungsunternehmen auf eingewanderte Arbeitskräfte angewiesen. In Deutschland würden keine Autos montiert, blieben Stellen in anderen Branchen unbesetzt und würden verschiedenartigste Dienstleistungen nicht erbracht, gäbe es nicht die Arbeitskräfte aus der Türkei, aus dem ehemaligen Jugoslawien und aus anderen osteuropäischen Staaten. Eine ähnliche Situation entstünde in Frankreich, wenn sämtliche Nordafrikaner ausgewiesen würden. Die italienische Industrie deckte ihren Arbeitskräftebedarf früher im Süden des eigenen Landes, dem verarmten Mezzogiorno; heutzutage greift auch sie auf afrikanische Arbeitskräfte zurück. Spanien, das lange Zeit andere europäische Staaten mit Arbeitern versorgte, ist heute gleichfalls bis zu einem gewissen Grad auf afrikanische Einwanderer angewiesen. Großbritannien hat den Arbeitskräftebedarf seiner Industrie- und Dienstleistungsunternehmen einschließlich zahlreicher Einzelhandelsgeschäfte mit ehemaligen Bürgern seines früheren Empire aufgefüllt.

In den Vereinigten Staaten haben Einwanderer, die in aufeinanderfolgenden Wellen zunächst aus Europa, dann aus Asien und Lateinamerika kamen, sowohl in der Industrie als auch in der Landwirtschaft Arbeit gefunden; ohne diese eingewanderten Arbeitskräfte gäbe es heute in unseren Geschäften nur ein kärgliches Angebot an Obst, Gemüse und Konserven zu tragbaren Preisen.

Die entscheidende Tatsache, die in der wirtschaftswissenschaftlichen Literatur nur selten beachtet wird, soll von Anfang an klargestellt werden: Das Problem liegt in der Definition des Begriffes »Arbeit«. Damit werden nämlich zwei grundverschiedene, ja völlig entgegengesetzte Weisen der Betätigung bezeichnet. Arbeit kann etwas sein, das große Freude und Befriedigung bringt und das Bewußtsein, etwas Sinnvolles zu leisten, so daß man ohne diese Arbeit unter einem Gefühl der Nutzlosigkeit, der sozialen Ablehnung, der Depression oder, bestenfalls, der Langeweile leiden würde. Solche Arbeit kennzeichnet gesellschaftlichen Rang – den der Führungskraft, des Finanziers, des Künstlers, des Schriftstellers, des Wissenschaftlers, des Fernsehkommentators und auch des Journalisten. Doch es gibt auch Arbeit, die Männer und Frauen in der Anonymität der schuftenden Masse versinken läßt. Diese Arbeit besteht aus monotonen und erschöpfenden körperlichen Verrichtungen. Immer wieder wird behauptet, der tüchtige Arbeiter habe Freude an seiner Arbeit; dies sagen meist ausgerechnet diejenigen, die noch nie selbst – unter dem Zwang, ihren Lebensunterhalt zu sichern – harte körperliche Arbeit geleistet haben. Der Begriff »Arbeit« bezeichnet also sehr gegensätzliche Sachverhalte; es ist fraglich, ob es in irgendeiner Sprache einen zweiten Begriff mit einem in sich so widersprüchlichen Bedeutungsgehalt gibt.

Verstärkt wird dies durch die Problematik der Entlohnung. Allgemein gesprochen, erhalten diejenigen, die ihre Arbeit am meisten genießen, auch die höchste Vergütung; diejenigen dagegen, die die eintönigsten und strapaziösesten Arbeiten verrichten müssen, bekommen die niedrigste Vergütung.

Ein Grundmerkmal der solidarischen Gesellschaft ist, wie bereits erwähnt, die Chance zu wirtschaftlichem und gesellschaftlichem Aufstieg. Der wichtigste Anreiz geht hier von der Möglichkeit aus, sich von körperlicher Arbeit zu »geistiger« Arbeit emporzuarbeiten. Dies erzeugt ein Vakuum an der Basis – bei den einfachen körperlichen Arbeiten –, das im wesentlichen von Einwanderern gefüllt wird. Bei monotonen, schlecht angesehenen Arbeiten herrscht eine starke personelle Fluktuation, und zur Auffrischung sind hier Arbeitskräfte erforderlich, die vor den noch stumpfsinnigeren, noch schlechter bezahlten Arbeiten in den armen Ländern flüchten oder die gar keine Beschäftigung hatten. Für sie ist der niedrige Lohn und die harte körperliche Arbeit, die ihnen in den wohlhabenden Staaten geboten werden, noch immer weitaus besser als alles, was sie in ihrem Heimatland finden können.

Die hierdurch ausgelöste Migration ist nicht ausschließlich ein internationales Problem. Die Abhängigkeit der norditalienischen Industrie von Arbeitskräften aus Süditalien wurde bereits erwähnt. Noch dramatischer war die Abwanderung der verarmten Bevölkerung des Appalachen-Gebirges im Osten der Vereinigten Staaten und der kleinen Farmpächter und Tagelöhner aus den Südstaaten in den Norden, wo sie in der Industrie und in Dienstleistungsunternehmen Arbeit fanden. Auch diese Migration blieb nicht ohne Folgen; der Zustrom von Schwarzen und armen Weißen in die Großstädte im Norden löste soziale Spannungen aus und stieß bei der eingesessenen Bevölkerung auf erbitterten Widerstand.

Die Reaktion auf ausländische Einwanderer, aber auch auf inländische Zuwanderungen erklärt sich zum Teil aus der Überzeugung oder zumindest der Behauptung, die Neuankömmlinge würden den alteingesessenen Arbeitskräften Stellen wegnehmen. Daß viele der Zuwanderer, wenn nicht die meisten, Beschäftigungen annehmen, die die heimischen Arbeiter längst nicht mehr nachfragen, wird stillschweigend übergangen. Eine weitere, sehr verbreitete negative Haltung basiert auf ethnischen und sozialen Vorurteilen: Man unterstellt, die Neuankömmlinge trügen eine andere, mutmaßlich minderwertige, rassische, familiäre, hygienische oder soziale Kultur und Lebensweise in die alteingesessene Gemeinschaft hinein.

Unter den hochentwickelten Industrienationen zeigten die Vereinigten Staaten in der Vergangenheit die größte soziale Toleranz gegenüber Einwanderern. Eine umfangreiche und überzeugende Literatur rühmt den Beitrag der Einwanderer zum Aufbau der amerikanischen Gesellschaft, die günstige, positive Wirkung des Schmelztiegels. Doch diese Sichtweise bezieht sich hauptsächlich auf frühere Einwanderungen. Gegenüber heutigen Zuwanderern besteht eine äußerst negative Einstellung, die sich in politischer Agitation, diskriminierenden Gesetzen und gelegentlichen Ausbrüchen kollektiver Feindseligkeit manifestiert. In den übrigen wirtschaftlich fortgeschrittenen Staaten verhält es sich – bei leichten Nuancen im einzelnen – ganz ähnlich.

Das extremste Beispiel einer restriktiven Einwanderungspolitik liefert Japan. Dort hat die geographische Insellage zusammen mit einem ausgeprägten Bewußtsein kultureller Identität bewirkt, daß es keinen nennenswerten Zustrom von Einwanderern gab. Diese Abschottung könnte sich in Zukunft als Hemmnis für die industrielle Entwicklung Japans erweisen, da sie die Einwanderung dringend benötigter Arbeitskräfte für einfache, manuelle Tätigkeiten verhindert. Der periodisch auftretende Arbeitskräftemangel und ein gewisses Maß an höchst regelwidriger Einwanderung sind die ersten Anzeichen dafür.

Es wäre selbstverständlich ein schwerwiegender Fehler, das Problem der Migration nur am Beispiel der unqualifizierten Arbeitskräfte zu diskutieren. Mit der zunehmenden wirtschaftlichen Globalisierung entstehen immer engere Verflechtungen in den Bereichen der Wirtschaft, der Finanzwelt, der Kunst, der Literatur, der Unterhaltung sowie geistiger und wissenschaftlicher Betätigung, und es findet ein immer regerer Austausch von wirtschaftlichen, akademischen und kulturellen Leistungsträgern statt.

Hier zeigt sich erneut der Unterschied in der öffentlichen Einstellung zu »höherer« und »einfacher« Arbeit, denn gegen die Zuwanderung der sozial, kulturell und ökonomisch Gutsituierten werden keine ernsthaften Einwände erhoben. Ganz im Gegenteil, sie wird entschieden begrüßt und unterliegt in der Praxis nur wenigen gesetzlichen Beschränkungen. Kurz: »Den Armen beißen die Hunde.«

Wie sollte nun die solidarische Gesellschaft auf diese schwierige und vielschichtige Herausforderung reagieren?

Die solidarische Gesellschaft muß sich damit abfinden, daß hier ein Konflikt zwischen zwei berechtigten und erstrebenswerten Zielsetzungen besteht. (Eine Situation, die damit in einem gewissen Zusammenhang steht, zeichnet sich heute zwischen dem nationalen Zuschnitt sozialstaatlicher Systeme und der zunehmenden Internationalisierung des wirtschaftlichen, gesellschaftlichen und kulturellen Lebens ab.) Für die Armen der Erde ist die Migration die naheliegendste Möglichkeit, der Entbehrung und Not in ihrer Heimat zu entgehen. Auch sollte die Sorge um den Mitmenschen – gleich, wo auf der Erde er lebt – eine Gewissensangelegenheit aller Menschen sein. Folglich sollten den Armen die Chancen und Entfaltungsmöglichkeiten eröffnet werden, die sich in den wohlhabenderen Ländern bieten.

Gleichzeitig aber hat jeder Staat besondere Verpflichtungen gegenüber seinen eigenen Bürgern – im Hinblick auf Arbeit, soziale Sicherung, Gesundheitsfürsorge und vieles andere mehr. Die universelle, globale Verpflichtung muß mit der einzelstaatlichen, also der nationalen Verantwortung in Einklang gebracht werden.

Wie man diesen Konflikt auch löst, man muß dabei einen stetigen Zustrom von Einwanderern akzeptieren, ja sogar begünstigen, denn dies liegt nicht nur im Interesse der Zuwanderer, sondern auch des Aufnahmestaates. Da diese Erkenntnis sich im Hinblick auf hochqualifizierte Emigranten bereits allgemein durchgesetzt hat, muß man unbedingt – dies ist ein Maßstab für zivilisiertes Verhalten – gleiches auch für unqualifizierte Einwanderer gelten lassen.

Dieser letzte Punkt muß nachdrücklich betont werden. Die Neigung, den mittellosen Einwanderer als ungebetenen Gast und sogar als Belastung anzusehen, wird von der solidarischen Gesellschaft entschieden abgelehnt. Sie sieht die eingewanderte Arbeitskraft ganz unter dem Aspekt der Leistung, die er oder sie erbringt. Sie erkennt und akzeptiert, daß das Leben in den hochentwickelten Industrienationen auf eine stete Auffüllung des Reservoirs an – zugegebenermaßen – gering qualifizierten Arbeitskräften durch Ausländer angewiesen ist. Daher sollten die Einwanderer, die die schmutzigen und harten Arbeiten übernehmen, keinerlei Diskriminierung oder Feindseligkeit wegen ihrer Rasse, ihrer Hautfarbe, ihrer Sprache oder ihrer Kultur ausgesetzt sein, sie sollten vielmehr mit offenen Armen aufgenommen werden.

Es muß, wie bereits betont, darüber hinaus eine Möglichkeit zum wirtschaftlichen und gesellschaftlichen Aufstieg bestehen, vor allem für die nachfolgenden Generationen. Wir kommen so zum entscheidenden Punkt zurück: In der solidarischen Gesellschaft dient eine liberale Einwanderungspolitik sowohl den bereits Eingewanderten als auch den Einwanderungswilligen.

Eine wichtige Frage bleibt jedoch: Sollte in Anbetracht der Fürsorgepflicht, die der Nationalstaat für seine eigenen Bürger hat, die Einwanderung zu deren Schutz nicht wenigstens gesteuert werden?

Die Antwortet lautet: ja. Es bedarf jedoch keiner Einschränkung der zwischenstaatlichen oder internen Bewegungsfreiheit für hochqualifizierte Personen – also etwa für den Zuzug von Schriftstellern, Künstlern, Wissenschaftlern, Ingenieuren, Sportlern und dergleichen Spitzenkräften, wie auch von Geschäftsleuten. Und das gilt sicherlich auch für jene, die vor allem Muße suchen und Freizeitfreuden genießen wollen. Die Grenzen müssen auch für jene offen sein, die Zuflucht suchen vor offener politischer Verfolgung, was ja derzeit, jedenfalls grundsätzlich, der Fall ist. Und es darf, um es noch einmal zu sagen, keine Diskriminierung, weder offen noch indirekt, wegen Volkszugehörigkeit oder rassischer Herkunft geben.

Dagegen muß die Einwanderung ungelernter ausländischer Arbeitskräfte, die in den Industriestaaten einfache, körperlich anstrengende Arbeiten übernehmen würden, ohne Zweifel an die Verfügbarkeit von Arbeitsplätzen gebunden werden. Kein Land kann sich mit einem weit über die Nachfrage nach gering qualifizierten Arbeitskräften hinausgehenden Überschuß an arbeitssuchenden Einwanderern belasten. Einige Staaten, die Schweiz ist das beste Beispiel, haben dies durch entsprechende Gestaltung ihrer Einwanderungspolitik mit Erfolg verhütet. In den Vereinigten Staaten ist die Situation sehr viel komplizierter, und eine entsprechende Kalkulation übersteigt vielleicht sowohl die statistische Kompetenz der Behörden als auch deren Fähigkeit zur lückenlosen Überwachung der Grenzen, insbesondere zu Mexiko. Dort können Arbeitssuchende ohne große Mühe und mit etwas Ausdauer auf US-Territorium gelangen, ohne von den Einwanderungsbehörden behelligt zu werden. Wie in anderen Bereichen, die den Aufbau der solidarischen Gesellschaft berühren – und hier vielleicht besonders –, läßt sich auch in der Einwanderungspolitik keine Perfektion erreichen. Dem käme man auch keineswegs näher, wollte man, wie dies in Diskussionen über dieses Thema häufig vorgeschlagen wurde, Zuwanderern Hilfeleistungen einschließlich des Zugangs zu Bildungseinrichtungen verweigern.

Die solidarische Gesellschaft muß die Nützlichkeit der Migration generell anerkennen und entsprechend handeln und reagieren. Jedes nationale Gemeinwesen wird, sofern eine liberale Einwanderungspolitik dies möglich macht, durch den Kontakt mit Vertretern fremder Kulturen und Lebensformen und durch den Austausch von Ideen und Talenten bereichert. Außerdem erwächst den reichen Staaten durch die Einwanderung von Arbeitskräften aus den armen Ländern ein spezifisch wirtschaftlicher Nutzen, da diese jene harten körperlichen Arbeiten übernehmen, zu denen sich in den wohlhabenden Staaten kaum noch jemand bereit findet.

13. Die unkontrollierte Macht des Militärs

Im modernen Staat beruhen der sogenannte öffentliche Lebensstandard und die aus Gemeinwohlerwägungen erforderlichen Einschränkungen der persönlichen Handlungsfreiheit auf einem demokratischen Willensbildungs- und Entscheidungsprozeß. Diese Regelung ist keineswegs vollkommen oder konfliktfrei; jeden Tag berichten die Zeitungen und die übrigen Medien über die politischen Rangeleien und Auseinandersetzungen, die hierbei auftreten, und darüber, wie sie gelöst werden. Offenkundig wird in diesem Meinungsstreit ein grundlegendes Problem. Privater Lebensstandard wird, wie an anderer Stelle schon betont, enthusiastisch, oftmals geradezu fanatisch gepriesen; das ist Aufgabe und Zweck aller Verkaufskunst und aller Werbung. Im Gegensatz dazu genießt der öffentliche Lebensstandard – also Schulen, Parks, Bibliotheken, Rechtspflege, öffentliche Verkehrsmittel und vieles andere – keine solche Fürsprache und Förderung. Die Folgen sind bekannt: teures Fernsehen und schlechte Schulen, saubere Häuser und schmutzige Straßen – kurz: privater Wohlstand und öffentliche Verwahrlosung. Doch schon die Zuweisung der Mittel für öffentliche Zwecke birgt einen eklatanten Fehler: nämlich das Mißverhältnis in der Ressourcenaufteilung zwischen militärischen und zivilen Bedürfnissen, und diese Fehlleitung ist auf ein schwerwiegendes Versagen des demokratischen Willensbildungsprozesses zurückzuführen.

In den Vereinigten Staaten sind sowohl die Legislative als auch die Exekutive an den Entscheidungen über die Verwendung öffentlicher Mittel beteiligt. Der entscheidende Faktor bei allen öffentlichen Maßnahmen ist das Geld, das hierfür bereitgestellt wird. Auch wenn noch so viele Einzelheiten gesetzlich festgelegt sind, geschieht nicht viel, wenn das notwendige Geld fehlt. Da sowohl die Legislative als auch die Exekutive ihrerseits von der Gesamtheit der wahlberechtigten Bürger gewählt werden, unterliegt die Verfügungsmacht über die öffentlichen Gelder einer direkten, wirksamen demokratischen Kontrolle. Soweit die Theorie.

In Wirklichkeit gibt es jedoch eine bedeutsame Ausnahme von dieser demokratischen Kontrolle: das Militär. Dies war häufig auch in anderen Ländern, vor allem denen der sogenannten Dritten Welt, der Fall. Die Vereinigten Staaten geben gegenwärtig jedoch ein besonders eindeutiges Beispiel dafür ab, denn hier beschließt das militärische Establishment faktisch kraft eigener Machtvollkommenheit über sein Budget, also über die Höhe und die Verwendung der Gelder, die es erhält.

Die Exekutive nimmt die finanziellen Forderungen des Militärs und seine uneingeschränkte Verfügungsgewalt über die ihm zugewiesenen Mittel widerspruchslos hin. Es besteht ein stillschweigender Konsens darüber, daß zivile Entscheidungsträger ungeachtet ihrer formellen Befugnisse sich nicht ernsthaft in militärische Angelegenheiten einmischen. Das Militär ist eine Gewalt, mit der sich Finanzminister, Präsidentschaftskandidaten, ja sogar der Präsident selbst nur ungern anlegen. Dies alles wird als völlig selbstverständlich hingenommen und weitgehend mit Stillschweigen übergangen.

Die Macht des Militärs – seine Fähigkeit, Forderungen Nachdruck zu verleihen und die nötige finanzielle Unterstützung zu erhalten – zeigt sich freilich gegenüber der Legislative noch deutlicher. So verabschiedet der US-Kongreß das Verteidigungsbudget – mit geringfügigen symbolischen Korrekturen und stetiger jährlicher Steigerung – ohne eingehende Aussprache. Es wird nicht einmal für nötig befunden, das Parlament über gewisse militärische Projekte – Aufklärungsoperationen, hochmoderne Waffen – zu informieren.

Der Kongreß wird zudem von der finanziellen und politischen Macht jener Unternehmen beeinflußt, die Rüstungsgüter herstellen; auch werden die Abgeordneten durch ihr Abstimmungsverhalten kaum die Arbeitsplätze gefährden wollen, die die Rüstungsschmieden für ihre Wähler schaffen. Noch wichtiger aber ist sicher der wohlfeile Beweis patriotischer Gesinnung, den jeder erbringt, der die Streitkräfte unterstützt. Das militärische Establishment ist somit in den Vereinigten Staaten zu einem eigenständigen Machtfaktor im Staat geworden, und diese Sachlage ist allgemein anerkannt.

Die unbeschränkte, unangefochtene Macht, finanzielle Forderungen durchzusetzen, verleiht dem Militär zusammen mit der ebenso unbestrittenen Verfügungsgewalt über die so erlangten Gelder eine Machtfülle, die man nur als total bezeichnen kann. Das Militär hat sich erfolgreich jedweder demokratischen Kontrolle entzogen. Dies ist, ohne Übertreibung, die gegenwärtige Position des Militärs in den Vereinigten Staaten. Die Ressourcen, über die es verfügt, entsprechen keinen sachlichen Erfordernissen; das wird auch von gutunterrichteten Kreisen nicht bestritten. Hervorragende ehemalige Heeres- und Marineoffiziere, vor allem jene, die mit dem Center for Defense Information assoziiert sind, stellen immer wieder die Notwendigkeit bestimmter Waffen und Truppenstärken in Zweifel. Auch wenn das Ende des Kalten Kriegs eine bedeutsame historische Zäsur darstellte, hat dies sich nicht auf die Geldforderungen des militärischen Establishments und auf die Bereitwilligkeit, mit der Regierung und Parlament diesen Forderungen nachkommen, ausgewirkt.

Im Verlauf der Jahrhunderte hat das Militär in zahlreichen Ländern eine starke Machtposition errungen. Waffen und die disziplinierten Truppen, die sie bedienten, stellten immer eine Bedrohung der zivilen Macht dar. Dem wollten die Väter der amerikanischen Verfassung einen Riegel vorschieben; aus diesem Grund übertrugen sie dem zivilen Präsidenten den Oberbefehl über die Streitkräfte. Die heutige umfassende Entscheidungsbefugnis des Militärs über die Höhe der ihm zur Verfügung stehenden Mittel und deren Verwendung hat wesentlich dazu beigetragen, daß genau das eingetreten ist, was die Gründungsväter am meisten fürchteten.

Die Verhältnisse in den Vereinigten Staaten sind leider, wie schon gesagt, nicht beispiellos. In Mittel- und Südamerika und in vielen Staaten Afrikas und Asiens entzogen und entziehen sich die Streitkräfte der zivilen Kontrolle durch die Regierung. Oder sie haben die Regierungsgewalt gleich ganz an sich gerissen. Die Vereinigten Staaten haben sich infolge der Tatsache, daß ihre Verteidigungsausgaben jegliche Beziehung zum tatsächlichen Bedarf verloren haben, bedauerlicherweise in ihrer politischen Physiognomie einem Dritte-Welt-Land angenähert. Sie haben sich weitgehend dem ausgeliefert, wovor Dwight D. Eisenhower, selbst ein General des Heeres und republikanischer Präsident, unermüdlich warnte: dem Entstehen eines militärisch-industriellen Komplexes mit unkontrollierter Machtfülle.

Die solidarische Gesellschaft verzichtet nicht auf die demokratische Kontrolle des Militärs. Nicht etwa wegen der – in politisch instabileren Ländern sehr gefürchteten – Gefahr, daß das Militär die zivile Regierung usurpieren könnte, denn dazu sind die demokratischen Strukturen in den Vereinigten Staaten und anderen fortgeschrittenen Industrienationen zu fest verankert. Sondern vielmehr, weil die moderne militärische Macht nicht dem übergeordneten öffentlichen Interesse verpflichtet ist – mag das Gegenteil auch noch so feierlich bekundet werden –, sondern ihre eigennützigen Interessen verfolgt, die dem Gemeinwohl sehr abträglich sein können.

Der negative Einfluß der amerikanischen Militärlobby auf die Politik war zu Beginn der neunziger Jahre besonders augenfällig. Damals entstand durch den Zusammenbruch des Kommunismus und den Zerfall der Sowjetunion ein enormer Bedarf an internationalen Hilfsgeldern, vor allem an Dollar, um damit den ehemals kommunistischen Regimen beim Übergang in eine marktwirtschaftliche Ordnung unter die Arme zu greifen. Hierbei hätte der Marshallplan, der nach dem Ende des Zweiten Weltkriegs den wirtschaftlichen Wiederaufbau Europas förderte, als historisches Vorbild dienen können, denn er linderte damals nicht nur die materielle Not der Bevölkerung, sondern verringerte auch die Gefahr innerer Unruhen. Das gleiche hätte ein »Marshallplan II« in der Sowjetunion und den ehemaligen osteuropäischen Satellitenstaaten bewirken können. Statt dessen forderte die Militärlobby in den Vereinigten Staaten weiterhin öffentliche Mittel für die Abwehr einer militärischen Bedrohung, die mittlerweile, zugegebenermaßen, verschwunden war. So blieb die finanzielle Hilfe für die ehemaligen kommunistischen Staaten ein Tropfen auf den heißen Stein.

Ähnlich verhält es sich auf innenpolitischem Terrain: Die dringlichen Forderungen der Bedürftigen und Verarmten zumal in den Großstädten wurden und werden weiterhin überhört. Unabhängig von der ehemaligen auswärtigen Bedrohung bestand und besteht die Gefahr eines spontanen Gewaltausbruchs, der den inneren Frieden bedrohen könnte. Der militärische Machtapparat verfügt weiterhin für seine Zwecke über Finanzmittel, mit denen sich die brisante Situation in den Innenstädten entschärfen ließe, wenn sie für Sozialhilfeleistungen, die Schaffung von Arbeitsplätzen, den Bau von Sozialwohnungen und die Drogenhilfe verwendet würden.

Darin liegt die vielleicht schwerwiegendste und augenfälligste Verletzung der Normen der solidarischen Gesellschaft. Wie bereits betont, müssen die Ansprüche, vor allem die der Einflußreichen und Mächtigen, auf öffentliche Mittel ständig kritisch hinterfragt werden. Es sollte keinen Zweifel daran geben, daß die Begüterten bei öffentlichen Leistungen und bei der Verwendung öffentlicher Gelder stets am besten abschneiden. Aber das Militär und seine Forderungen stellen den Sonderfall schlechthin dar. Für alle, deren Ziel die solidarische Gesellschaft ist, muß daher das Bemühen darum, die souveräne Macht des militärischen Establishments, wie sie heute existiert, einer wirkungsvollen demokratischen Kontrolle zu unterwerfen, höchste Priorität genießen. Um dieses Ziel zu erreichen, sind massive politische Anstrengungen und Maßnahmen erforderlich.

Die Einmischung des Militärs in zivile politische und wirtschaftliche Angelegenheiten, seine Forderungen nach öffentlichen Mitteln, geht nicht von einzelnen Personen aus. Nur von Zeit zu Zeit treten außergewöhnliche Männer hervor und gelangen zu nationaler Berühmtheit – Generalstabschefs oder auch Kommandeure von Truppen auf fernen Schlachtfeldern. Die Macht des Militärs basiert jedoch auf der institutionellen Macht einer Massenorganisation, die Ziele verfolgen und Geldforderungen stellen kann, die die Befugnisse einzelner Personen weit überschreiten. Dies wird gemeinhin als Bürokratie bezeichnet, und das moderne militärische Establishment ist in vielerlei Hinsicht der Extremfall einer bürokratischen Organisation. Die Rolle der Bürokratie und ihrer Macht in der solidarischen Gesellschaft und der sich zwischen beiden oft ergebende Widerstreit ist das Thema des nächsten Kapitels.

14. Das Elend des Bürokratismus

Organisationen mit ihrer Macht und – allzuoft – ihrer Ohnmacht sind ein zentrales Merkmal der modernen Gesellschaft; das koordinierte Zusammenwirken von Menschen in einem hierarchischen Gebilde zur Erreichung eines gemeinsamen Ziels ist heutzutage für ein reibungsloses Funktionieren von Staat und Wirtschaft unverzichtbar. Im Bereich der staatlichen Verwaltung wird diese Aufgabe von den Behörden übernommen, denen im privaten Sektor die Großunternehmen entsprechen.

Öffentliche wie auch privatwirtschaftliche Organisationen werden kritisch beobachtet und immer wieder kritisch beurteilt. Behörden werden regelmäßig – in abfälligem Unterton – als »Bürokratien« hingestellt und loyale, intelligente und unentbehrliche Staatsdiener oftmals als »Bürokraten« verunglimpft. Mit diesen Begriffen werden – vielleicht nicht ganz so polemisch – auch die trägen, ineffizienten Verwaltungsapparate von Großunternehmen belegt. Die solidarische Gesellschaft muß ein Bürokratie-Syndrom, das sich sowohl im staatlichen wie im privaten Sektor entwickelt hat, erkennen und sich damit auseinandersetzen. Es geht mit zwei schwerwiegenden Mißständen einher, die im allgemeinen verharmlost werden.

Der erste und offenkundigste Mißstand ist die in Organisationen, insbesondere großen Organisationen, herschende Tendenz, der Disziplin vor eigenverantwortlichem Denken den Vorzug zu geben. Gewiß, Disziplin ist unumgänglich: Das übergeordnete gemeinsame Ziel muß anerkannt und engagiert verfolgt werden, denn genau darin liegt die Stärke, ja die Notwendigkeit der Organisation selbst begründet. Der einzelne, der sich gefügig unterordnet, wird mit einer vielsagenden Metapher als »treuer Soldat« gelobt. Gleichzeitig aber wird kreatives Denken unterdrückt und oftmals durch Weisungen ersetzt. Wer den Mut zur eigenen Meinung besitzt – Schwachstellen und Fehler beim Namen nennt und die Notwendigkeit von Veränderungen erkennt oder voraussieht –, wird nicht selten als unkooperativ, verantwortungslos oder als Sonderling hingestellt. Mit einem beliebten amtlichen Terminus wird er als »verwendungsuntauglich« abgestempelt. Alle Organisationen sind von diesem Grundkonflikt geprägt: einerseits dem praktischen Bedürfnis nach kooperativer Befolgung der geltenden Verfahrensregeln und Ziele; andererseits der Notwendigkeit, diese Regeln und Ziele zu hinterfragen, sobald Fehler oder Ereignisse Veränderungen erfordern. Und hier bedarf es auch der Fähigkeit und der Entschlossenheit, sich für solche Veränderungen einzusetzen und sie herbeizuführen.

Dieser Konflikt betrifft, wie gerade erwähnt, sowohl den staatlichen als auch den privaten Sektor. Sofern es sich um ein Ministerium oder eine andere Behörde handelt, ist diese organisatorische Trägheit nur allzu bekannt. In den täglichen Klagen über bürokratische Institutionen und Bürokraten spiegelt sich meistens eine grundsätzlich negative Einstellung zu den erbrachten staatlichen Leistungen wider, die sich auch auf die – aus Sicht der Kritiker – politisch unerwünschten Folgen oder Kosten bezieht. Aber diese Kritik kann sich auch auf überholte, ineffiziente oder inkompetente Maßnahmen beziehen. Es ist Aufgabe der solidarischen Gesellschaft, zwischen beiden zu unterscheiden.

Dies gilt ganz besonders für die Außenpolitik, auf die wir im nächsten Kapitel eingehen werden. In den Vereinigten Staaten sind das Department of State und bis zu einem gewissen Grad auch die CIA und das Pentagon Institutionen, die weder Gesetze anwenden noch Leistungen erbringen oder staatliche Programme umsetzen, sondern Politik betreiben. Diese Politik wiederum basiert auf Überzeugungen. Ohne sie wäre politisches Handeln unmöglich. Doch leider sind Überzeugungen weitgehend immun gegen Änderungen der äußeren Sachlage. Die Militarisierung der amerikanischen Außenpolitik in den fünfziger Jahren führte in späteren Jahrzehnten zu so verheerenden Mißgeschicken wie dem Abschuß der U-2 über der Sowjetunion, dem Schweinebucht-Desaster, der Paranoia um die Verbreitung des Kommunismus in Mittelamerika (und Kuba) und dem Vietnam-Krieg; dies alles sind Beweise für die immanente Tendenz weltanschaulicher Überzeugungen, sich gegenüber der Realität zu verselbständigen.

Auch in den modernen Großunternehmen machen sich allenthalben bürokratische Verkrustungen bemerkbar. Eine behagliche, konformistische Firmenkultur, die oftmals von vergangenen Erfolgen zehrt, tritt an die Stelle von Innovation und Wandel. In den Vereinigten Staaten haben die Stahl-, die Automobil-, die Computer- und die Luftfahrtindustrie sowie der Einzelhandel in den letzten Jahren eindrucksvolle Beispiele für diese Entwicklungstendenz hervorgebracht. In anderen Ländern gibt es ähnliche Beispiele. Im Unterschied zu öffentlichen Organisationen unterliegen Privatunternehmen jedoch der Gefahr des finanziellen Ruins: Sie können Konkurs machen, von einem anderen, erfolgreicheren Unternehmen übernommen werden oder durch ihre Gläubiger zu Umgestaltungen genötigt werden. Dennoch ist bürokratische Erstarrung in großen privaten wie in großen öffentlichen Organisationen ein allgegenwärtiges Phänomen.

Das zweite, eng mit dem ersten verknüpfte Merkmal aller Organisationen wurde bereits erwähnt: die innere Dynamik, die zur unkontrollierten Vermehrung von Personal, insbesondere Führungspersonal, führt. Die maßgebenden Faktoren, die die Personalpolitik in beiden Sektoren der modernen Wirtschaft bestimmen, sind einfach und völlig offenkundig, aber normalerweise spricht niemand darüber, und das ist den Beteiligten nur recht. Da ist erstens der Wunsch jeder Führungskraft, einen scheinbar ausreichend großen Stab von Assistenten zu erhalten. Die so eingestellten Mitarbeiter haben nun ihrerseits ebenfalls das scheinbar berechtigte Verlangen nach Hilfskräften. Die berufliche Spezialisierung trägt noch das Ihre zu diesem Bedarf bei; gebraucht werden Mitarbeiter mit hinreichend vielfältigen Qualifikations- und Kompetenzprofilen. Dabei entwickelt der ganze Prozeß eine selbsttragende Dynamik.

Doch damit nicht genug. Viele gefügige Untergebene bedeuten reelle Macht, und diese wiederum erzeugt Machtbewußtsein. Und so wachsen auch das Ansehen innerhalb der Organisation und der Anspruch auf höhere finanzielle Vergütung. Ein anerkannter Maßstab für den Leistungswert einer Person ist die Anzahl ihrer Untergebenen: »Wie viele Mitarbeiter sind ihm/ihr unterstellt?« Die Anzahl der Untergebenen zu erhöhen ist also die einfachste Weise, Position, Prestige und Gehalt zu verbessern.

Selbstverständlich versucht man, diesen expansiven Prozeß einzudämmen. Zu diesem Zweck werden Budgets aufgestellt und Budgetrahmen vorgegeben. Diese sind jedoch häufig weitgehend symbolischer Natur. In alle großen Organisationen besteht eine starke, geradezu unüberwindliche Tendenz, ständig weitere Führungs-, Fach- und Hilfskräfte einzustellen. Nur in den Werkhallen, im Produktionsbereich von Industrieunternehmen wird die Zuwachsdynamik unter Kontrolle gehalten. Nur auf diesen Ebenen – bei den Arbeitern am Fließband und den einfachen Büroangestellten – wird der Arbeitskräftebedarf ständig genau überprüft.

Es gehört zu den sonderbaren Verkehrungen des ökonomischen Verhaltens, daß Folgen oftmals deutlicher sichtbar sind als Ursachen. Das ist auch hier der Fall. Im privaten Sektor entwickelt das selbsterzeugte Beschäftigungswachstum unbemerkt eine Eigendynamik. Und wenn dann diese Entwicklung schließlich erkannt wurde, stellt sich die Folge ein, und dies wiederholt sich periodisch: Ein oftmals unter großer öffentlicher Beachtung initiiertes Programm zum Abbau nicht benötigter Arbeitskräfte. Über derartige Maßnahmen – die meist als Personalfreistellungen und nie kurz und bündig als Entlassungen tituliert werden – wird regelmäßig in der Wirtschaftspresse berichtet. Dabei wird die Frage vermieden, welche Aufgaben die hierbei Fallengelassenen eigentlich zuvor hatten, weshalb sie ursprünglich eingestellt wurden und wie das Unternehmen ohne sie zurechtkommen soll. Auch die persönliche Katastrophe der Entlassenen, von denen viele in die Dauerarbeitslosigkeit geraten und die alle das Gefühl haben, das Stigma der Nutzlosigkeit zu tragen, wird allenfalls beiläufig erwähnt.

Wir müssen uns auch damit abfinden, daß öffentliche Institutionen – das Verteidigungsministerium, das Außenministerium, das Handelsministerium und andere – die gleiche Tendenz zur stetigen, sachlich nicht gerechtfertigten Erhöhung ihres Personalbestands haben. Organisation ist

Organisation, gleich in welchem Land und in welchem Sektor sie tätig ist. Die Frage lautet, wie die solidarische Gesellschaft reagieren sollte.

Es gibt hier kein Patentrezept. Man muß zunächst einmal erkennen, daß bürokratische Trägheit und unnötige Personalaufstockung grundlegende Mängel aller Organisationen sind. Auch die nationalen Wohltätigkeitsorganisationen, die Hochschulverwaltungen, die Gewerkschaften und andere große Organisationen müssen vor diesen tiefverwurzelten Tendenzen ständig auf der Hut sein.

Privatfirmen haben, wie erwähnt, den Vorteil, daß mangelhafte Wettbewerbsfähigkeit Umgestaltungen erzwingen kann, wie die Beispiele General Motors und Ford zeigen. Finanzielle Verluste und drohender Konkurs zeitigen oft heilsame Wirkungen. Man ist jedoch gut beraten, wenn man, in weiser Voraussicht, einer vom Markt erzwungenen Reorganisation zuvorkommt. Ethisches Verantwortungsbewußtsein zeigt sich in intelligentem Handeln, das die Notwendigkeit eines Abbaus überflüssiger Mitarbeiter gar nicht erst aufkommen läßt.

Schwieriger ist die Situation bei den staatlichen Behörden. Wegen der institutionellen Verpflichtung auf die Umsetzung politischer Vorgaben unterliegt der personelle Wildwuchs hier nicht jenen immanenten Korrekturmechanismen in Privatunternehmen. Vielmehr ist man hier auf eine effiziente, sachkundige Leitung und die Bereitschaft der Entscheidungsträger angewiesen, Veränderungen herbeizuführen, wenn sie nötig werden. Hinter der Kritik an Bürokraten und an der Bürokratie im öffentlichen Sektor im allgemeinen steckt meist etwas Konkreteres, nämlich die Opposition gegen eine spezifische staatliche Leistung, gegen den Vollzug einer gesetzlichen Bestimmung und gegen die mit diesem oder jenem verbundenen Kosten. Die mit dem Bürokratiesyndrom verbundenen Probleme zeigen sich in allen großen Organisationen, also auch in Behörden. Sie zu lösen ist die Aufgabe umsichtiger Politiker in Exekutive und Legislative, und sie müssen unbedingt gelöst werden, wenn die solidarische Gesellschaft wirklich funktionieren soll.

15. Die Aussenpolitik

Die wirtschaftliche und soziale Dimension

Das höchste Ziel der solidarischen Gesellschaft liegt auf außenpolitischem Gebiet, wo sie nach Verwirklichung eines dauerhaften Friedens zwischen den Nationen strebt. Diese Verpflichtung ist von überragender Bedeutung, denn nichts erzeugt soviel Not, Entbehrung und Leid wie militärische Konflikte. Der Krieg liefert die Soldaten, und heute, im Atomzeitalter, auch die Zivilpersonen dem plötzlichen, unentrinnbaren Tod aus, und er schwebt wie ein Damoklesschwert als ständige Bedrohung über der Menschheit. Auf die Rechtfertigung des Krieges und kriegerischer Großtaten wurde im Laufe der Geschichte sehr viel philosphischer Scharfsinn und Eifer verwandt. Und nichts hat den Anspruch auf zivilisatorisch-humanen Fortschritt in dem jetzt zu Ende gehenden Jahrhundert deutlicher ad absurdum geführt als die beiden großen Kriege in Europa, der eine große Krieg im Pazifik und die kleineren, aber nicht minder grausamen Konflikte in Korea und Vietnam. Dies waren die Fanale, die zeigten, daß die Entwicklung hin zu einer guten oder besseren Gesellschaft nicht zwangsläufig erfolgt. Die Verhütung einer weiteren derartigen Massentragödie und die Bekämpfung der globalen Armut sind die dringlichsten Aufgaben jeder Gesellschaft, die sich der Sache der ganzen Menschheit verpflichtet fühlt.

Ökonomische Erfolge der solidarischen Gesellschaft sind wesentlich für den inner- und zwischenstaatlichen Frieden. Sie sind unverzichtbar für die Wahrung von Frieden und Ordnung im Innern, aber sie wirken sich auch zunehmend auf die zwischenstaatlichen Beziehungen aus, was nachfolgend erläutert wird. Die solidarische Gesellschaft muß darüber hinaus der von der Militärlobby aufgestellten Behauptung, der Krieg sei ein naturgegebenes Phänomen der menschlichen Existenz, und der daraus abgeleiteten Forderung nach Waffensystemen von immer größerer Vernichtungskraft entschieden entgegentreten. Diese Argumentation ist auch die Ursache für den größten Skandal unserer Zeit: den Waffenexport in arme Länder, der dazu führt, daß Ressourcen, die dringend für die Versorgung mit Grundnahrungsmitteln und für das Gesundheits- und Bildungswesen benötigt würden, in den Aufbau eines überdimensionierten Militärapparats gesteckt werden.

Zentrale Bedeutung hat jedoch der Konflikt zwischen dem nationalstaatlichen Zuschnitt sozialer und ökonomischer Verantwortung und der zunehmenden internationalen Verflechtung von Wirtschaft und Politik.

In öffentlichen Angelegenheiten sind Entscheidungen immer dann am leichtesten zu treffen, wenn das Richtige offenkundig und das Falsche augenfällig ist. Auch ist meist rasch Einvernehmen zu erzielen, wenn beide Handlungsalternativen das Gegenteil des gewünschten Effekts erzielen; in diesen Fällen besteht bis zu einem gewissen Grad Einigkeit über die Nachteile. Problematisch wird es, wenn beide Handlungsalternativen nützlich zu sein scheinen. Jede wird dann ihre leidenschaftlichen Befürworter haben, und in deren Argumentation wird man eine gehörige Portion Rechthaberei erkennen. Kaum etwas anderes aktiviert den Geist und die Zunge so stark wie der Glaube, recht zu haben, wenn andere das gleiche für sich in Anspruch nehmen. Dies zeigt sich auch, wenn man die Rolle und Verantwortung des Nationalstaates im Gegensatz zu den Vorteilen eines engeren globalen Zusammenschlusses der Nationen erörtert. Sowohl die Verfechter des Nationalstaates als auch die einer globalen Integration berufen sich auf das Gemeinwohl, und aus diesem Grund ist der Konflikt zwischen ihnen unvermeidlich.

Im Verlauf der letzten einhundert Jahre haben sozialpolitische Initiativen im Verein mit der historischen Entwicklung dazu geführt, daß die sozialen und ökonomischen Aufgaben des Nationalstaates in den hochentwickelten Industrienationen erheblich zugenommen haben. Die entsprechenden Leistungen sind dem Leser hinlänglich bekannt: die soziale Absicherung der Senioren; die Arbeitslosenunterstützung für erwerbslose Arbeitnehmer; die allgemeine Krankenversicherung, die zwar in den Vereinigten Staaten noch immer heftig umstritten ist, aber in vielen anderen Ländern mittlerweile als selbstverständlich betrachtet wird; die gesetzliche Regelung der Arbeitsbedingungen, insbesondere für Frauen und Kinder; der Mindestlohn; staatliche Bildungs- und Forschungseinrichtungen; staatliche Agrarpreisstützung wegen des erbitterten Wettbewerbs in der Landwirtschaft.

Auch kann der Staat heutzutage, wie bereits dargelegt, nicht mehr untätig bleiben, wenn die Wirtschaftsleistung, der bekannten Schwankungstendenz der Marktwirtschaft folgend, mit gravierenden Folgen absinkt. Inflation, Rezession und Arbeitslosigkeit werden nicht mehr als unvermeidlich hingenommen; Regierungen werden zur Rechenschaft gezogen, auch wenn Abhilfe zum Teil außerhalb ihrer Eingriffsmöglichkeiten liegt. In keinem Land möchten sich Politiker in wirtschaftlich schlechten Zeiten zur

Wahl stellen. Keinem anderen Gesichtspunkt wird kurz vor einer Wahl soviel Beachtung geschenkt.

All dies ist zu begrüßen. Der ursprüngliche Kapitalismus des 18. und 19. Jahrhunderts war ein grausames System, das die sozialen Spannungen und die revolutionären Einstellungen, die es hervorrief, nicht überlebt hätte, wenn seine schlimmsten Folgen nicht durch staatliche Eingriffe abgefedert worden wären. In jüngster Zeit übten ausgerechnet diejenigen, die selbst bestens situiert sind, erbitterte Kritik am modernen Wohlfahrtsstaat; dabei würden gerade sie heute kein so angenehmes Leben führen, wenn es ihn nicht gäbe. Doch parallel dazu wuchs auch die internationale Verflechtung, die, obschon im Endeffekt ebenso vorteilhaft, in scheinbarem Gegensatz zu den inneren sozialpolitischen Zielen des Nationalstaats steht.

Diese parallele Entwicklung vollzog sich über den immer engeren Zusammenschluß der Völker und Institutionen der hochentwickelten Industriestaaten. Dazu gehören der vielerörterte Welthandel, der ebenfalls vieldiskutierte internationale Finanzmarkt – der grenzüberschreitende Strom anlagesuchender (und spekulativer) Finanzmittel –, und die moderne transnationale Aktiengesellschaft, die mühelos nationale Grenzen überwindet. Und noch vieles weitere mehr: Reisen, wissenschaftliche Forschung, künstlerische und insbesondere literarische Produktionen, Unterhaltung und Bildungsprojekte, die alle in zunehmendem Maße und immer leichter internationale Grenzen überwinden. All dies muß jeder geschichtsbewußte Mensch begrüßen. Die zweite Hälfte des Jahrhunderts, das sich nun seinem Ende zuneigt, steht in einem erfreulichen Kontrast zur ersten Hälfte, in der die verheerenden Kriege Tod und Elend über die Menschheit brachten. Wir können heute davon ausgehen, daß die wohlhabenden Staaten der Erde dank der zunehmenden Verflechtung ihrer ökonomischen, sozialen und kulturellen Systeme in friedlicher Koexistenz leben werden. Niemand, der die frühere Welt erlebt hat, kann dies auch nur einen Moment lang bedauern.

Hierfür hat sich eine eigene moderne Dialektik entwickelt. Der an der Leistungsfähigkeit der Volkswirtschaft orientierte Wohlfahrtsstaat ist gut, ja unverzichtbar. Das gleiche gilt für die Internationalisierung der Wirtschaft, der Kultur und anderer Lebensbereiche. Doch zwischen beiden besteht oder scheint jedenfalls ein unausweichlicher Konflikt zu bestehen. Die internationale Verflechtung der Wirtschaft wird – so die Befürchtung – nicht nur das System der sozialen Sicherung des Nationalstaats, sondern auch dessen kulturelle und soziale Identität bedrohen, in der sich der Nationalcharakter ausdrückt. Diese Identität ist auch eine Bezugsgröße des Patriotismus, der zwingend sein und absolute Loyalität einfordern kann. Das sind Einstellungen, aus denen eine entschiedene Verteidigung des Nationalstaates resultiert.

Die Gefährdung der nationalen Volkswirtschaften durch die Globalisierung, wie man diese Dynamik mittlerweile nennt, scheint besonders akut zu sein. Die Staaten mit höheren sozialen Standards und besseren Arbeitsbedingungen sehen sich dem wachsenden Konkurrenzdruck durch Staaten mit niedrigeren Löhnen, schlechterer sozialer Absicherung und folglich geringeren Produktionskosten ausgesetzt, denn die multinationalen Konzerne können heute mühelos ihre Fertigungsstätten dorthin verlagern.

Möglicherweise sind diese Befürchtungen übertrieben: Auch Staaten mit hohen Löhnen und feinmaschigen sozialen Netzen – wie etwa Japan, wo viele Unternehmen ihren Mitarbeitern noch immer eine lebenslange Anstellung garantieren – sind im internationalen Wettbewerb erfolgreich. Dennoch werden der Welthandel und die multinationalen Konzerne als Bedrohung für den nationalen Wohlstand und insbesondere das System der sozialen Sicherung gesehen. Dies löst heute überall auf der Welt große Besorgnis und heftige Kontroversen aus.

Auch werden den stabilitätspolitischen Bemühungen der Einzelstaaten durch das internationale Handels- und Finanzsystem teilweise Grenzen gesetzt. So ist bei einer Rezession bzw. Depression traditionellerweise der Nationalstaat dafür zuständig, die erforderlichen Maßnahmen zur Belebung der Konjunktur zu treffen. Direkte fiskalpolitische Interventionen – Steuersenkungen, öffentliche Arbeitsbeschaffung, andere fiskalpolitische Maßnahmen zur Stimulation der Nachfrage – sind gefordert. Ebenso geldpolitische Maßnahmen – Zinssenkungen – wegen ihrer tatsächlichen oder vermeintlichen konjunkturbelebenden Wirkung. Doch die Wirksamkeit dieser Instrumente verringert sich bei zunehmender Internationalisierung. Der konjunkturelle Impuls verpufft im Welthandelssystem zum Teil oder möglicherweise auch weitgehend, da es die Möglichkeit bietet, Importe aus anderen Ländern zu erhöhen, so daß sich der Beschäftigungseffekt dort einstellt. In der Volkswirtschaftslehre spricht man davon, daß die Multiplikatorwirkung der erhöhten Ausgaben des Staates bzw. der privaten Haushalte an andere Länder verlorengehe. Ein Teil dieses Verlustes könnte, zumindest theoretisch, durch eine Währungsabwertung verhindert werden; dies würde Exporte verbilligen und Importe verteuern. Doch dies liefe einem der Grundanliegen der internationalen Handelsgemeinschaft – dem Bedürfnis nach stabilen Wechselkursen – zuwider, das sich, wie gegenwärtig in Europa, zum Wunsch nach einer gemeinsamen Währung weiterentwickeln kann.

Die hier erörterten Probleme beeinflussen die Politik in allen fortgeschrittenen Industrienationen, was in Anbetracht ihres globalen Charakters und ihrer Dringlichkeit auch nicht verwunderlich ist. Besonders aufschlußreich ist nun die zwiespältige politische Reaktion. Im rechten Lager sind die traditionellen Konservativen hin- und hergerissen zwischen ihrer ausgeprägten national-patriotischen Gesinnung und ihrer gleichzeitigen Befürwortung des freien Welthandels mit seinen grenzüberschreitenden wirtschaftlichen Aktivitäten. Patriotismus ist nach einhelliger Meinung einer der höchsten konservativen Werte. Dennoch findet sich bei allen angesehenen konservativen Denkern das altbekannte Plädoyer für den freien Welthandel, der die effiziente Produktion von Gütern und Dienstleistungen fördere. Obgleich die Produktivität in der modernen Wirtschaft mit ihrem überreichen Angebot an Gütern und Dienstleistungen nicht besonders vordringlich erscheint, steht sie bei Konservativen hoch im Kurs. So sind die Konservativen heute innerlich gespalten zwischen ihrem Bekenntnis zu nationaler Identität und ihrem Plädoyer für die globale Verflechtung der Wirtschaft.

Im linken politischen Lager trifft man auf eine ähnlich zwiespältige Einstellung. Viele, denen vor allem die sozialen Funktionen des Nationalstaats am Herzen liegen, beklagen den möglichen Verlust von Arbeitsplätzen an wirtschaftlich und politisch assoziierte Staaten mit niedrigeren Löhnen und kostengünstigerer Produktion. Gleichzeitig setzen sie sich für die friedliche Koexistenz der Nationen und für engere politische, kulturelle, wissenschaftliche und ökonomische Beziehungen ein. Zudem unterstützt die Linke seit jeher einen völlig oder weitgehend freien Außenhandel.

Gerade die jüngste Vergangenheit lieferte dramatische Beispiele für diesen Konflikt. Der Vertrag von Maastricht, ein weiterer Schritt auf dem Weg zu einer engeren Integration der europäischen Staaten, rief hitzige öffentliche Kontroversen quer durch alle politischen Gruppierungen hervor. Einige linke Parteien waren dafür, andere dagegen. Im rechten Lager waren die Reaktionen ähnlich gespalten, und das zeigte sich besonders deutlich bei den britischen Konservativen.

Ein nicht minder denkwürdiges Beispiel bot in den Vereinigten Staaten die Debatte über NAFTA, das Nordamerikanische Freihandelsabkommen, und GATT, das Allgemeine Zoll- und Handelsabkommen. Auch hier waren die Meinungen sowohl im demokratischen wie im republikanischen Lager geteilt. Im Fall von GATT bestand die mehr beschworene als begründete Furcht, daß hier nationale Hoheitsbefugnisse in wirtschafts- und sozialpolitischen Angelegenheiten an die internationale Aufsichtsbehörde – die Welthandelsorganisation – ausgeliefert würden. In Kanada sah eine große und wortmächtige Minderheit in NAFTA wie bereits in früheren Verträgen eine ernsthafte Bedrohung für die langjährigen Bemühungen des Landes, eine von dem großen und wirtschaftlich übermächtigen Nachbarn unabhängige wirtschaftliche, kulturelle und politische Identität zu bewahren.

Beide Abkommen wurden dann schließlich ratifiziert – in den Vereinigten Staaten dank einer ungewöhnlichen Koalition von international denkenden Liberalen und handelsorientierten Konservativen. Die Bedeutung des Grundsatzkonflikts, der hier zutage trat, steht außer Frage. Wie wird er in der solidarischen Gesellschaft gelöst?

Die Lösung ist nicht schwierig, ja sie hat den Vorteil, unumgänglich zu sein, denn die Entwicklung hin zu einer engeren Verflechtung zwischen den Völkern und Institutionen der fortgeschrittenen Länder wäre gar nicht aufzuhalten. Sie liegt in der allgemeinen historischen Entwicklung, und die hier zugrundeliegenden gesellschaftlichen Machtfaktoren entziehen sich dem Einflußbereich nationaler Gesetze, Parlamente und Politiker. Rhetorische Attacken können nichts daran ändern, daß der Prozeß unaufhaltsam voranschreitet.

Man sollte es sich auch nicht anders wünschen, denn die eifersüchtige Sorge des Nationalstaates um seine territoriale Integrität, der Schutz der eigenen wirtschaftlichen Interessen, die wirtschaftliche Macht der nationalen Rüstungshersteller, die übersteigerte Pflege der eigenen Sprache und kulturellen Identität – dies alles waren die Ursachen für die größten Tragödien der Neuzeit. Doch ungeachtet der mit der Internationalisierung verbundenen Vorteile bleibt das große Problem, mit dem Unvermeidlichen zurechtzukommen.

Die fortgeschrittenen Staaten müssen heute ihre Sozial- und Wirtschaftspolitik eng aufeinander abstimmen. Dies beginnt bei fiskal- und geldpolitischen Maßnahmen, die unverzichtbar sind, wenn man der gegebenen Abfolge von Boom und Rezession – Spekulation und Arbeitslosigkeit – entgegensteuern will. Kein Staat kann dies allein und aus eigener Kraft bewältigen. Darüber hinaus müssen die Staaten, wie bereits erwähnt, ihre Sozial-, Landwirtschafts- und Umweltpolitik sowie die übrigen sozialstaatlichen Programme koordinieren. Die solidarische Gesellschaft muß sich nachhaltig für diese Koordinierung einsetzen, denn sie ist nicht nur die beste, sondern auch die einzige Lösung.

Die Notwendigkeit einer solchen Abstimmung wird in Europa, wenn auch unvollkommen, anerkannt: von den Mitgliedern der Europäischen Gemeinschaft in Brüssel, dem Europaparlament in Straßburg, relativ eindeutig im Maastricht-Vertrag und in allerjüngster Zeit durch den bemerkenswerten Schritt der großen EU-Staaten, ihre militärischen Beschaffungsvorhaben zu koordinieren. Dagegen wird die Notwendigkeit einer Koordinierung in den Vereinigten Staaten, Kanada, Japan und bei den Mitgliedern der pazifischen Handelsgemeinschaft nur in geringerem Maße erkannt, und das vorhandene Maß an Einsicht wiederum ist weit größer als der Wille zur praktischen Umsetzung.

Präsidenten und Ministerpräsidenten treffen sich heutzutage in regelmäßigen Abständen, um vor allem wirtschaftliche Fragen zu erörtern. Dabei nehmen die Handelsbeziehungen einen breiten Raum ein. Künftig werden sich die Konferenzteilnehmer eng damit zusammenhängenden Themen zuwenden müssen: der Sozial-, Fiskal- und Geldpolitik und ihrer Koordinierung. Diese können nicht mehr länger den unterschiedlichen und daher mitunter einander widersprechenden Entscheidungen der einzelnen Nationalstaaten überlassen bleiben. Der Handel wird sich weitgehend selbst regeln; jedenfalls sind hier Verhandlungsergebnisse oftmals nicht erkennbar. Dagegen können die Folgen unterschiedlicher Sozial-, Fiskal- und Beschäftigungspolitiken deutlich spürbar werden. Es ist also unerläßlich, daß hierüber weiter beraten wird, bis man sich auf Maßnahmen einigt.

Dies ist jedoch nur der erste Schritt; die engere und begrüßenswerte Integration, die Völker und Institutionen heute zu konzertierten Maßnahmen veranlaßt, muß im Laufe der Zeit auch in der Schaffung der notwendigen internationalen Organisation münden. Nur während einer Übergangsphase bleiben die wirtschafts- und sozialpolitischen Kompetenzen bei den Nationalstaaten. Das Fernziel ist eine übernationale Behörde mit den an sie delegierten Vollmachten, zu denen auch die Erhebung von Abgaben und die Vergabe von Geldern gehört.

Schon heute gibt es die Weltbank und den Internationalen Währungsfonds, die im Jahre 1995 ihr fünfzigstes Gründungsjubiläum begingen. Beide basieren auf der Übertragung wirtschaftspolitischer Vollmacht auf ein internationales Organ. Die Weltbank ist für die Vergabe von langfristigen Darlehen für Investitionsprojekte zuständig und wird von einem internationalen Gremium geleitet, wenngleich die dominierende Rolle der Vereinigten Staaten in der Bank nicht zu übersehen ist. Der Internationale Währungsfonds, dessen Aufgabe ursprünglich darin bestand, die internationalen Währungsbeziehungen zu stabilisieren, hat zunehmend auch Leitlinien für die einzelstaatliche Haushalts- und Ausgabenpolitik aufgestellt, die sich auf diese Stabilität auswirkt. Sowohl die Weltbank als auch der Währungsfonds haben jedoch ihre Aktivitäten und Ressourcen vor allem auf die Entwicklungsländer konzentriert; sie haben sich nie nachdrücklich um die Koordinierung der Fiskal-, Sozial- und übrigen Politik der Industrienationen bemüht. Außerdem hat der Währungsfonds allzuoft die sozialen Leistungen des Nationalstaats nicht als etwas Schützenswertes erachtet, sondern als ein Hindernis, das auf dem Altar der Währungsstabilität zu opfern sei. Dennoch sind Weltbank und Internationaler Währungsfonds erste, richtungweisende Schritte auf dem Weg, den wir gehen können und, zweifellos, gehen müssen.

Die Verantwortung der solidarischen Gesellschaft endet nicht an den Grenzen des Nationalstaates, vielmehr muß sie die Dynamik der Internationalisierung, der die Einzelstaaten unterliegen, erkennen und unterstützen. Das ist keine Frage der freien Wahl, sondern das Gebot unserer Zeit.

16. Die Armen dieser Erde I

Die Vorgeschichte

Mittlerweile dürfte hinlänglich klargeworden sein, daß die Probleme und Möglichkeiten der Menschheit keine nationalen Grenzen kennen; daher muß sich die zivilisierte Gesellschaft um das Wohlergehen aller Menschen kümmern. Und sie hat eine besondere Verantwortung gegenüber den Hunderten von Millionen, die außerhalb der Grenzen der glücklicheren Nationen leben. Denn auch sie sind – muß man es eigens betonen? – unsere Mitmenschen. Um diese Verpflichtung genauer zu verstehen, müssen wir uns zumindest kurz dem historischen Hintergrund zuwenden.

Früher einmal haben die heute reichen und hochentwickelten Staaten die heutigen Entwicklungsländer beherrscht. Zu diesen einstigen Kolonialmächten gehörten Großbritannien, Frankreich, Belgien, die Niederlande, Deutschland, Italien, Rußland und, mit besonderer Tatkraft und speziellem geographischem Schwerpunkt, auch Spanien und Portugal; nicht zu vergessen schließlich die Vereinigten Staaten, wenn auch nur für kurze Zeit. Die Erinnerung an diese Kolonialherrschaft ist in den Entwicklungsländern noch immer sehr lebendig, und unübersehbar sind die Folgen, die das Ende dieser Zeit brachte.

Es gilt als selbstverständlich, daß Herrscher und Beherrschte die imperialistische Machtentfaltung völlig konträr beurteilten. Während jene ihre Macht und ihren Einfluß in den Kolonialgebieten als etwas Positives betrachteten, machte sich bei den Beherrschten Unmut breit, der oftmals zu verdeckter oder offener Auflehnung führte.

Es ist allerdings zweifelhaft, ob die ablehnende Reaktion der Beherrschten auf die Machtentfaltung der Herrscher immer so konstant und umfassend war, wie dies heute gemeinhin angenommen wird. Das Römische Reich, herausragendstes Beispiel imperialer Macht, wurde von vielen der unterworfenen Völkern akzeptiert, weil sie es für vorteilhafter hielten, zum Imperium zu gehören als selbständig zu bleiben. Fest steht auch, daß Rom, wie zuvor Griechenland und wie später Spanien, Großbritannien, Frankreich und andere Kolonialmächte, einen zivilisatorischen Einfluß ausübte und kulturelle, staatliche und rechtliche Strukturen aufbaute, die die unterworfenen Völker nachhaltig prägten. Doch das genügte nicht.

In der zweiten Hälfte des zwanzigsten Jahrhunderts ereignete sich die tiefgreifendste politische Umwälzung – man könnte ohne Übertreibung von einer Revolution sprechen – seit Tausenden von Jahren. Das Ausmaß und die Geschwindigkeit dieses Wandels kann man nur mit Staunen zur Kenntnis nehmen: Der schon seit grauer Vorzeit existierende Imperialismus und Kolonialismus kam weltweit zu einem jähen Ende. Plötzlich gehörte die koloniale Herrschaft in Asien, in Afrika und im Südpazifik der Vergangenheit an. Der Herrschaftsanspruch einiger Staaten über andere verlor seine rechtliche und tatsächliche Geltung. Statt dessen wurde das Recht auf Selbstbestimmung – die Achtung der Souveränität jedes Volkes – universell anerkannt.

Rückblickend fällt es immer noch schwer zu begreifen, daß sich ein derart umfassender Wandel in so kurzer Zeit vollziehen konnte. Schon die Worte »Imperialismus« und »Kolonialismus« haben heute einen äußerst mißbilligenden Beiklang. Das war nicht nur in den ehemaligen Kolonien der Fall; auch bei den früheren Kolonialmächten gerieten sie in Verruf. Auf der ganzen Erde schien ein neues Zeitalter der Aufklärung anzubrechen. Der letzte Akt der Entkolonisierung begann in den Jahren nach 1989, als die osteuropäischen Staaten vom Joch der sowjetischen Bevormundung befreit wurden und die ehemalige Sowjetunion selbst zerfiel.

All dies wurde weltweit begrüßt. Die Befreiung von imperialer Fremdherrschaft und die Verwirklichung politischer Unabhängigkeit wurden als eine soziale und politische Errungenschaft anerkannt. Der Imperialismus ist heute weltweit geächtet. Dies wird von der solidarischen Gesellschaft begrüßt. Doch zunächst noch ein paar Worte zu der Frage, weshalb der Imperialismus ein so jähes, spektakuläres Ende fand und ob er, wie allgemein angenommen, in verschleierten, aber nicht unbedingt weniger wirkungsvollen Formen fortbesteht. Hieraus ergibt sich die gegenwärtige Lage der ehemaligen Kolonien und die Verpflichtung der solidarischen Gesellschaft gegenüber den Armen.

Die ehemaligen Kolonialvölker strebten zweifellos aktiv nach Unabhängigkeit. In herausragenden Fällen zogen sich die Kolonialmächte deshalb zurück, weil die Kolonien für sie unregierbar geworden waren. Der Drang der einheimischen Bevölkerung zur Selbstbehauptung und Selbstbestimmung wurde einfach zu stark. Dies traf ganz eindeutig auf Indien zu, wo der Widerstand unter der begnadeten Führung von Mohandas Gandhi und Jawaharlal Nehru ein so überlegenes Niveau hatte, daß die daraus geschöpfte Kraft alles übertraf, was die Briten dagegensetzen konnten.

In Indochina und Algerien erhoben sich die einheimischen Völker mit Waffengewalt gegen die Kolonialmacht Frankreich, und auch in Angola und Mosambik gab es einen organisierten militärischen Widerstand gegen die portugiesischen Herrscher. Viele der Kolonialmächte – das ist bemerkenswert – ließen jedoch die »auf Irrwege geratenen Brüder«, wie sie oftmals mit Bedauern genannt wurden, in Frieden ziehen. In den Vereinigten Staaten wurde nie ernsthaft erwogen, die Philippinen oder andere, unbedeutendere Gebiete des kleinen amerikanischen Empires mit Gewalt zu halten. Und in weiten Teilen Afrikas und Asiens haben die Kolonialmächte dem Unabhängigkeitsstreben der Kolonien keinen ernsthaften Widerstand entgegengesetzt. Das Zeitalter der Kolonialherrschaft ging ebenso friedlich wie unaufhaltsam zu Ende. Die Kolonialvölker feierten ihre neugewonnene Freiheit, und die vormaligen Kolonialmächte beglückwünschten sich dazu, daß sie die neue, zivilisierte Realität weise akzeptiert hatten. In Großbritannien, den Vereinigten Staaten, Frankreich, den Niederlanden und Belgien – den großen und kleinen Kolonialmächten – fand der Rückzug aus den Kolonien breite politische Unterstützung und öffentlichen Beifall. Die Entkolonisierung wurde als Sieg des Guten über das Böse und als eine Niederlage der Kräfte der politischen Reaktion einer überholten Zeit betrachtet.

Dieses Eigenlob war übertrieben, denn hier kam noch ein zweiter, bedeutsamerer Faktor ins Spiel: Der Kolonialismus diente keinen wichtigen ökonomischen Interessen mehr, ja letztlich mochten die Nettokosten mittlerweile sogar überwogen haben. So verband sich wirtschaftlicher Nutzen mit idealistischen Bestrebungen, eine Verbindung, die stets eine wesentliche Triebkraft für gesellschaftlichen Wandel ist.

Einst, in den Tagen der Grundbesitzer und der Handels-
herren und mächtiger Handelsinteressen, ruhte der Kolonialismus auf einer festen ökonomischen Basis. Denn
damals warf Grundeigentum – ob im Inland oder in Über-
see – reiche Erträge ab, nicht zuletzt, weil die ortsansäs-
sigen Kleinbauern für Hand- und Spanndienste ausgebeutet werden konnten. Aus diesem Grund ist das Militär, das
allenthalben Bedrohungen wittert, noch heute auf die Verteidigung von Landesgrenzen fixiert. Grund und Boden
sind heilig; was könnte es da Wichtigeres geben?

Noch wichtiger aber war die Förderung der Interessen
von Handel und Industrie. Der Handels- und frühe Indu-
striekapitalismus basierte auf der Beschaffung von Rohstof-
fen, tropischen Produkten, exotischen Handarbeiten und
einfachen Fertigwaren aus den Kolonialgebieten und der
Nutzung derselben als Absatzmärkte für eigene Industrie-
erzeugnisse. Mit dem Kolonialbesitz war ein vollständiges
oder weitgehendes nationales Monopol dieses Handels verbunden. Und die Kaufleute und Fabrikanten nahmen starken politischen Einfluß auf die Regierungen der Kolonialmächte, so daß diese oftmals nichts anderes waren als
Helfershelfer bei der Durchsetzung von deren ökonomischen Interessen.

Nach dem Ende des Zweiten Weltkriegs, wenn nicht
schon zuvor, hatten die Kolonien ihre Bedeutung als Be-
schaffungs- und Absatzmärkte für Handel und Industrie der
Kolonialmächte weitgehend eingebüßt. Die Schwerpunkte
der Wirtschaftsentwicklung verlagerten sich von der Außen-
wirtschaft auf die Binnenwirtschaft; es war nun das inländische Wirtschaftswachstum, das Wohlstand und Gewinn
brachte. Der Handel zwischen den Industriestaaten spielte
jetzt die überragende Rolle, während die Wirtschaftsbezie-
hungen zu den Kolonien nur noch von untergeordneter

Bedeutung waren. Lenin hatte einst die – gewiß übertriebene – Behauptung aufgestellt, die Arbeiter in den fortgeschrittenen kapitalistischen Staaten lebten auf Kosten der Kolonialvölker. Dies traf jetzt nicht einmal mehr annähernd zu. Einer Schätzung zufolge dauerte es nur zwei Jahre, bis die Niederlande die ökonomischen Einbußen infolge des Verlusts ihrer großen indonesischen Kolonien nach dem Zweiten Weltkrieg durch binnenwirtschaftliches Wachstum wettgemacht hatten.

So konnten die Kolonialmächte ihre Kolonien ohne eigene volkswirtschaftliche Nachteile in die Unabhängigkeit entlassen. Die finanziellen Schäden für amerikanische Geschäftsleute waren gering, als die Philippinen ihre Unabhängigkeit erklärten. Hätten erhebliche US-amerikanische Wirtschaftsinteressen auf dem Spiel gestanden, dann wären diese zweifellos von einer mächtigen Lobby politisch zur Geltung gebracht worden, und das Ergebnis hätte ganz anders ausgesehen. Gewiß wäre der Übergang nicht so geordnet und friedlich verlaufen.

Wir haben jedoch die zweite Frage noch nicht beantwortet: Ob wir es heute nur mit einer subtileren, raffinierteren Form imperialistischer Beherrschung zu tun haben? Wurde lediglich eine Art von Kolonialherrschaft durch eine andere ersetzt?

In den ehemaligen Kolonien war in der Tat die Auffassung weit verbreitet, der alte Imperialismus sei von einer neuen Form der Fremdbestimmung abgelöst worden. Statt des staatlich geförderten Imperialismus bestehe jetzt ein privatwirtschaftlicher Imperialismus, dessen sichtbares Instrument das multinationale Unternehmen sei. Die früheren Kolonien müßten folglich die Aktivitäten und Investitionen ausländischer Konzerne auf ihren Territorien scharf beobachten, denn sie verkörperten die neue imperialistische Bedrohung. Dies wirkte sich nachhaltig auf die Einstellungen zur Wirtschaftsentwicklung in den früheren Kolonien aus.

Diese Furcht vor einer neuen Form der Fremdbestimmung kann heute – und wird auch in wachsendem Maße – als unbegründet abgetan werden. Der politische Einfluß der multinationalen Konzerne und der übrigen Auslandsinvestoren wurde weit überschätzt. Diese vermeintliche Macht basierte auf dem geheimnisvollen Nimbus des Kapitalismus und hat in der Wirklichkeit so nie existiert. Die direkte Einmischung eines internationalen Unternehmens in die inneren politischen Angelegenheiten eines Staates hätte allzu großes öffentliches Aufsehen erregt und wäre höchstwahrscheinlich kontraproduktiv gewesen.

Entscheidender war der Wandel, den die Großunternehmen selbst durchmachten. Während sie ursprünglich als Verkörperungen kapitalistischer Machtfülle betrachtet worden waren, erschienen sie nun, wie in einem vorangehenden Kapitel beschrieben, in zunehmendem Maße als große, vielfach träge bürokratische Gebilde. Die Angst vor ihrer Allmacht wich oftmals der Sorge über ihre Unfähigkeit. Gewiß: Einst hatte die Stimme der United Fruit Company in den mittelamerikanischen Bananenrepubliken großes Gewicht, und die Mineralölkonzerne spielten im Nahen Osten eine dominierende Rolle. Diese Zeiten sind vorbei. Statt dessen herrscht heute allenthalben bürokratische Vorsicht. Und die ehemaligen Kolonialländer, die einst das Treiben der Multis so mißtrauisch beäugten, begrüßen heute ausländische Investoren mit offenen Armen; Investitionen von Ausländern werden nicht mehr behindert, sondern gefördert. Dies gilt vor allem für Indien, das sich einst unter allen neugegründeten Nationalstaaten am stärksten gegen ausländische Investoren abgeschottet hatte. Es hat sich gezeigt, daß die Macht der Konzerne – wirtschaftliche Macht – kein Ausdruck eines neuen Imperialismus ist.

In den Jahren nach dem Zweiten Weltkrieg entstand jedoch eine ungleich machtvollere Erscheinungsform des Neoimperialismus, die bis in die allerjüngste Vergangenheit bestand: Was von der Sowjetunion und in gewissem Maße von China, von den Vereinigten Staaten und zum kleineren Teil von Westeuropa ausging, das war der koloniale Ausdruck des Kalten Krieges. Da war zum einen der beherrschende Einfluß der Sowjetunion auf die osteuropäischen Satellitenstaaten. Zudem lebte die Sowjetunion in der Hoffnung und die Vereinigten Staaten in der paranoiden Furcht, daß sich die Entwicklungsländer für den Kommunismus und gegen den Kapitalismus entscheiden würden. Die Ausdehnung des Einflusses der Supermächte auf die neugegründeten, armen Nationen wurde so als neue Form des Imperialismus betrachtet. Einer der verhängnisvollsten Irrtümer der Neuzeit bestand darin, zu glauben, der Sozialismus könne dem Kapitalismus überlegen sein und die ungemein komplexen Verwaltungsaufgaben einer umfassenden zentralen Planung und Lenkung könnten von einfachen Bauern bewältigt werden. Dieser Irrtum führte in Indochina, insbesondere in Vietnam, und später in Afghanistan zu verheerenden militärischen Konflikten.

Doch auch dies gehört mittlerweile der Vergangenheit an. Der Zerfall der Sowjetunion, der Niedergang des Kommunismus und das Ende des Kalten Krieges setzten diesem Irrtum ein Ende. Demgemäß lassen sich im letzten Jahrzehnt dieses Jahrhunderts zum ersten Mal in der neueren und älteren Geschichte keine greifbaren Indizien imperialistischer Machtentfaltung mehr aufspüren. Die Wirtschaftskraft der einzelnen Staaten ist zwar unterschiedlich, ebenso ihre militärische Stärke. Doch Imperialismus und

Kolonialismus gehören der Vergangenheit an. Mitunter ist heute, ein wenig leichtfertig, vom Ende der Geschichte die Rede; in dieser Hinsicht aber ist die Geschichte tatsächlich zu Ende gegangen.

Die solidarische Gesellschaft muß sich damit abfinden, daß sich die Rahmenbedingungen und die menschliche Dimension in den Beziehungen zwischen den reichen und den armen Ländern, zwischen den vormaligen Kolonialmächten und ihren Kolonien für alle Zeiten verändert haben. Die Außenpolitik der solidarischen Gesellschaft muß Sensibilität für die Vergangenheit beweisen und alles vermeiden, was als ein Wiederaufleben kolonialer Bestrebungen gedeutet werden könnte.

Dies gilt ganz besonders für die Vereinigten Staaten. Als größte und militärisch stärkste der einstigen imperialistischen Mächte wecken die USA verständlicherweise die größte Furcht vor insgeheim fortbestehenden imperialen Gelüsten. Dies wird noch verstärkt durch den häufigen und oftmals unbesonnenen Hinweis, die Vereinigten Staaten müßten in der internationalen Staatengemeinschaft ihrer *natürlichen* Führungsrolle gerecht werden. Umsicht und Zurückhaltung sind hier äußerst wichtig. Selbstverständlich sind Führungsfähigkeit und Initiative nach wie vor notwendig, aber in der heutigen Welt müssen sie in eine wohlbedachte und im allgemeinen kollektive Reaktion eingebunden sein, die sich an Notwendigkeiten orientiert, und sie dürfen nicht als Ausdruck eines imperialistischen Anspruchs erscheinen.

Die reichen Staaten müssen sich heute dem Erbe des Imperialismus stellen – dem schweren, ja unerträglichen menschlichen Leid, das er zur Folge hatte. Und dies gilt in gleicher Weise für die solidarische Gesellschaft, wie ich im nächsten Kapitel darlegen werde.

145

17. Die Armen dieser Erde II

Die Verantwortung der solidarischen Gesellschaft

Die Probleme, die die armen Menschen aller Länder bedrücken, enden nicht mit der historischen Entwicklung, die ich gerade skizziert habe. Als die Kolonien in die staatliche Unabhängigkeit entlassen wurden, waren sie plötzlich mit der anspruchsvollsten Aufgabe konfrontiert, die sich einem Volk überhaupt stellt: dem Aufbau eines integren, zuverlässigen und verantwortungsvollen Staatswesens. Viele sind hieran gescheitert. Dies wiederum führte zu wirtschaftlichen Fehlschlägen, denn wirtschaftlicher Erfolg hängt von der Unterstützung und der Kontrolle durch eine stabile, leistungsfähige und kompetente staatliche Ordnung ab. Ohne sie fehlt es bereits an den Grundvoraussetzungen wirtschaftlicher Entwicklung. Im letzten Jahrhundert hätte man auf die Frage, was für den wirtschaftlichen Fortschritt erforderlich sei, in den Vereinigten Staaten und in Europa prompt die Antwort erhalten: eine tüchtige Regierung, ein gutes Bildungswesen und vielleicht noch ein gutes Verkehrssystem. Diese Antwort hat bis heute ihre Gültigkeit behalten.

Zweifelsohne hat der Nationalstaat in der solidarischen Gesellschaft eine elementare Verantwortung gegenüber seinen Bürgern. Aber kein Land darf guten Gewissens seinen Wohlstand genießen, wenn Menschen in anderen Ländern in tiefstem Elend leben. Und es darf dies erst recht nicht, wenn es, wie dies bei den ehemaligen Kolonialmächten der Fall war, früher eine besondere Verantwortung für die armen Völker hatte; seine Verpflichtung endete nicht, als seine Kolonien unabhängig wurden. In fast ganz Afrika, vielen Staaten Asiens und einem großen Teil Lateinamerikas ist bittere Armut noch immer weit verbreitet. Die solidarische Gesellschaft darf dieses Elend nicht einfach ignorieren; dies muß allen eine Gewissenssache sein, die Beseitigung des Elends ein politisches Ziel aller Staaten werden. Der Nationalstaat darf nicht versuchen, sich seiner Verantwortung zu entziehen, indem er Zuflucht nimmt zu dem beliebtesten Argument zur Rechtfertigung von nationalem Egoismus und Eigennutz: »Für die Probleme anderer Länder sind wir nicht zuständig.«

In den letzten fünfzig Jahren schenkten die reichen Staaten den ärmeren Ländern – den ehemaligen Kolonien – mehr als nur beiläufige Beachtung. Dahinter stand zum Teil die Hoffnung oder Furcht, dort werde der Kommunismus Einzug halten. Nützlicher und klüger war freilich die tätige Hilfe aus Mitgefühl, aus dem Bewußtsein einer ethischen Verpflichtung heraus, und diese Bemühungen waren keineswegs unerheblich. Eine einflußreiche Lobby in den Industrienationen hatte als Sachwalterin der Entwicklungsländer gewirkt und sich neben der Weltbank und anderen internationalen Organisationen für Hilfsleistungen an die armen Staaten eingesetzt. Die solidarische Gesellschaft befürwortet diese Leistungen nachdrücklich, aber sie fordert auch deren wirkungsoptimale Verteilung und Verwendung. Dies nämlich war in der Vergangenheit nicht immer, ja nicht einmal regelmäßig der Fall.

In den Anfangsjahren der Entwicklungshilfe nach dem Zweiten Weltkrieg und der damals einsetzenden Entkolonialisierung waren sowohl die neugegründeten Staaten als auch die früheren Kolonialmächte einhellig der Auffassung, daß zur Bekämpfung der Armut durch eine erfolgreiche Wirtschaftsentwicklung in erster Linie der Aufbau einer Schwerindustrie nach dem Vorbild der entwickelten Volkswirtschaften erforderlich sei. Entsprechend wurden in den Entwicklungsländern, wie man sie optimistisch zu nennen pflegte, mit ausländischer Hilfe Hüttenwerke, Kraftwerke, Chemiefabriken und Werkzeugmaschinenfabriken errichtet, die ein hervorstechendes Merkmal der reifen Volkswirtschaften waren. Man glaubte, diese Form des wirtschaftlichen Fortschritts würde der Armut ein Ende setzen. In Wirklichkeit war es ein kurzsichtiger Irrtum, ein eitler Traum. Denn man ignorierte oder überging die beiden grundlegenden Voraussetzungen wirtschaftlicher Entwicklung: eine stabile politische Ordnung und ein hoher Ausbildungsstand der gesamten Bevölkerung. Die Stahlwerke, Wasserkraftwerke und funkelnagelneuen Flughäfen wurden nicht nur zu Inseln der Spitzentechnik in einem Meer der Rückständigkeit, sondern auch zu sterilen Monumenten eklatanter Fehlentscheidungen und Mißerfolge. Allerdings wurde in jüngster Zeit die Bedeutung eines stabilen, leistungsfähigen und integren staatlichen Verwaltungsapparates und eines guten Bildungssystems zumindest teilweise erkannt. Darüber später mehr.

Überdies wurde in den Anfangsjahren der Entwicklungshilfe die Landwirtschaft häufig vernachlässigt; gefördert wurden vor allem die Städte und deren Bewohner. Das waren die Zentren der wirtschaftlichen Entwicklung. Die Lebensmittelpreise wurden oftmals behördlich festgesetzt, um das städtische Proletariat zu unterstützen; doch dies wirkte sich nachteilig auf die landwirtschaftliche Produktion aus. Allerdings gibt es einige beachtenswerte Ausnahmen von dieser Art von Politik, wobei, wie so oft, Indien das beste Beispiel abgibt. Seit der Entlassung in die Unabhängigkeit hat sich die Bevölkerung Indiens mehr als verdoppelt, ebenso aber auch die Agrarproduktion. Erreicht wurde dies durch den Einsatz von Hybridsaatgut, durch Düngung, moderne Bewässerungsverfahren und andere Methoden der Boden- und Wasserbewirtschaftung sowie mit staatlichen Preisgarantien für Agrarerzeugnisse.

Dennoch erweisen sich die staatlichen Institutionen in vielen ehemaligen Kolonien noch immer als Hemmschuh des wirtschaftlichen und sozialen Fortschritts. Politische Instabilität, Inkompetenz, Korruption und die Diktatur der wenigen Begünstigten sind weit verbreitet. Innere Unruhen und Bürgerkriege sind keineswegs selten. Doch selbst wenn die Situation besser ist, erfüllt der Staat seine elementaren Routineaufgaben – die Einziehung von Steuern, die Bereitstellung lebenswichtiger Versorgungseinrichtungen und die Schaffung verläßlicher rechtlicher Rahmenbedingungen für den wirtschaftlichen Fortschritt – nur mangelhaft oder gar nicht. Weil Politiker und Beamte durch Bestechung zu Ausnahmeentscheidungen oder zu einseitig begünstigenden Auslegungen von Gesetzen oder Verordnungen veranlaßt werden können, setzen sich immer wieder Sonderinteressen durch. Dies ist sogar in Ländern anzutreffen, die relativ gut regiert werden, wie etwa Indien. In den ärmsten afrikanischen Staaten dagegen existiert ein solches Problem gar nicht, denn dort käme niemand auf die Idee, daß Rechtsnormen auch durchgesetzt werden könnten.

Aus dem Vorstehenden ergeben sich die Pflichten der solidarischen Gesellschaft. An erster Stelle steht Großzügigkeit – finanzielle Hilfe, die nicht aus politischem oder wirtschaftlichem Eigennutz, sondern aus Sorge um das Wohlergehen der Mitmenschen erbracht wird. Staaten, in denen der innere Friede und eine einigermaßen funktionierende öffentliche Verwaltung gewährleistet sind, müssen dem Aufbau eines leistungsfähigen Bildungswesens oberste Priorität einräumen. Hierfür – für Schulen, für deren Ausstattung und für Lehrer sowie für die Lehrerausbildung – müssen ausreichende Mittel zur Verfügung stehen. Kapital, die Grundlage für Investitionen, fließt problemlos über nationale Grenzen hinweg. Lehrer dagegen, die das wichtigste Instrument des Bildungsfortschritts darstellen, sind weniger mobil. Ein internationales Lehrerausbildungskorps ist eines der vordringlichsten Erfordernisse, um die wirtschaftliche Entwicklung voranzubringen. Allgemein gesprochen, muß die Bildung auf allen politischen Feldern Vorrang genießen. Um es noch einmal mit aller Deutlichkeit zu sagen: Es gibt auf der Erde kein gebildetes Volk, das arm ist, und kein ungebildetes Volk, das nicht arm ist. Bei einem hohen Bildungsstand der Gesamtbevölkerung wird der wirtschaftliche Fortschritt in gewissem Umfang unvermeidlich. Erst wenn diese Bedingung erfüllt ist, kann die allgemeine Entwicklungshilfe optimal eingesetzt werden.

In den armen Ländern ist zudem der Zusammenbruch von Recht und Ordnung ein häufiges und besonders vordringliches Problem. Dies war insbesondere in Afrika der Fall, ereignete sich aber immer wieder auch in Mittelamerika, Asien und Europa. Liberia, Somalia, Ruanda, Nicaragua, Haiti und Bosnien sind Beispiele aus jüngster Zeit. Hunderttausende von Bürgern dieser Staaten sind entweder den bewaffneten Auseinandersetzungen zum Opfer gefallen oder bei den folgenden Hungersnöten und Vertreibungen ums Leben gekommen.

Seit langem wird von der internationalen Staatengemeinschaft anerkannt, daß das Prinzip der nationalen Souveränität nicht das Recht abdeckt, einen anderen Staat anzugreifen. Das Völkerrecht verbietet es, und eine der Hauptaufgaben der Vereinten Nationen besteht darin, derartige Angriffe zu verhindern. Schlachtet ein Staat hingegen seine eigene Bevölkerung ab, dann sieht die völkerrechtliche Situation ganz anders aus. Ein solches Vorgehen fordert zwar Mißbilligung und Verurteilung heraus, aber es rechtfertigt bis heute nicht jene massive internationale Gegenreaktion, die beispielsweise nach dem Überfall des Irak auf Kuwait stattfand. Und dies, obgleich innerstaatliche Konflikte sehr viel mehr menschliches Leid und sehr viel größere ökonomische und soziale Schäden anrichten können als zwischenstaatliche Streitigkeiten. Dem muß die solidarische Gesellschaft Rechnung tragen, indem sie Maßnahmen gegen diese schrecklichste aller menschlichen Tragödien ergreift. Diese Notwendigkeit muß anerkannt und akzeptiert werden, und die Art der Reaktion muß entschieden und eindeutig vorhersehbar sein.

In den letzten Jahren gab es in Somalia, Ruanda, Liberia und im ehemaligen Jugoslawien internationale Interventionen, um blutige innerstaatliche Konflikte zu beenden oder um die Folgen für die betroffene Zivilbevölkerung durch Hilfsmaßnahmen zu mildern. Jeder einzelne Fall wurde als Ausnahme betrachtet; das Eingreifen wurde als Reaktion auf dem Anschein nach besondere Umstände gesehen. Dies sollte sich in Zukunft ändern; denn in den armen Ländern sind der Zusammenbruch von Recht und Ordnung und das damit einhergehende menschliche Leid völlig vorhersehbare Entwicklungen. Und das gleiche muß für Interventionen gelten, bei denen zur Rettung und zum Schutz notleidender und gefährdeter Völker das Prinzip nationaler Souveränität außer Kraft gesetzt wird.

Diese internationalen Maßnahmen sollten in die Zuständigkeit der Vereinten Nationen fallen. Sowohl nach dem

Völkerrecht als auch nach internationaler Überzeugung sind einseitige Maßnahmen eines Staates suspekt. Dies gilt vor allem, wenn es sich bei diesem Staat um eine Großmacht wie die Vereinigten Staaten handelt; denn dies weckt Erinnerungen an das Schreckgespenst des Imperialismus. Folglich müssen Eingriffe von der internationalen Staatengemeinschaft gebilligt werden und unter internationaler Leitung stehen. Dies sollte in Zukunft als eine der wichtigsten Aufgaben der Vereinten Nationen betrachtet werden, die von den reichen Staaten und insbesondere von den USA entsprechend ihrer Zahlungsfähigkeit mit den benötigten Finanzmitteln ausgestattet werden müssen. Auch müssen diese Länder es als ihre selbstverständliche Pflicht betrachten, die erforderlichen Polizei- *und* Militärverbände zur Verfügung zu stellen. Insbesondere die gegenwärtige US-amerikanische Position – daß die Regierung der Vereinigten Staaten, obgleich sie über die stärksten und bestausgerüsteten Streitkräfte verfügt, sich nicht dem Risiko aussetzen darf, wegen US-Soldaten, die bei Auslandseinsätzen ums Leben kommen, im Inland an Popularität zu verlieren – bedarf dringend einer Revision. Der unheilvolle Gang der Geschichte hat die Aufgabe definiert; nun muß die solidarische Gesellschaft eine Antwort darauf finden.

Ich habe in diesem Kapitel nachdrücklich auf den hohen Stellenwert des Mitgefühls hingewiesen – der Verpflichtung der Privilegierten gegenüber den Benachteiligten. Da die antikommunistische Furcht und Paranoia, die früher die Unterstützung der Industrienationen für die Entwicklungsländer motivierte, weggefallen ist, muß das Mitgefühl zum tragenden Fundament dieser Hilfe werden. Aber es gibt noch ein weiteres Motiv. Denn die friedliche Koexistenz liegt auch im wohlverstandenen Eigeninteresse aller Staaten der Erde. Die Armut der Völker ist eine ständige, nie versiegende Quelle von Konflikten, während die wohlhabenden Staaten in innerem und äußerem Frieden leben. Ein gutes Einvernehmen zwischen den Nationen läßt sich nur dadurch erreichen, daß man in allen Ländern für wirtschaftlichen Wohlstand und soziales Wohlergehen sorgt. Gewalttätige Konflikte sind bekanntlich ein Übel, das sich ausbreiten kann. Wenn die internationale Staatengemeinschaft ihre umfassende Verantwortung für die Wahrung des inneren Friedens und der inneren Ordnung in allen Staaten anerkennt, dann fördert dies die politische Stabilität in den armen Ländern, und es verhilft den mehr vom Glück Begünstigten zu einem ruhigeren Gewissen. Mitgefühl ist ein Ausdruck von Menschlichkeit, aber es ist auch von großem praktischen Nutzen.

Nicht alle Staaten, die heutzutage auf äußere Hilfe angewiesen sind, gehören zum Kreis der traditionellen Entwicklungsländer. Seit dem Jahr 1989 versuchen die Staaten Osteuropas und der ehemaligen Sowjetunion den schwierigen Übergang vom totalitären Sozialismus zu Marktwirtschaft und Demokratie, zu friedlicher Mitgliedschaft in der Völkergemeinschaft zu bewältigen. Auch sie sind auf weitblickende, zugleich im eigenen Interesse liegende Großzügigkeit angewiesen, denn dieser Wandel ist mühsam und hat viele Menschen in Armut gestürzt. Diese Not wiederum ist eine ernste Gefahr für den Demokratisierungsprozeß; sie läßt sich jedoch durch äußere Hilfe in vielfältiger Weise lindern. Der Lohn dieser Hilfe besteht in der Aussicht auf stabile internationale Beziehungen und der Beseitigung der Furcht vor internationalen Konflikten.

Die Sorge um die Armen der Erde und die Bereitschaft, die für die Bekämpfung der Armut erforderliche Finanzhilfe aufzubringen, muß auch den Menschen zugute kommen, die durch den großen Umbruch in Osteuropa in existentielle Not geraten sind. Die solidarische Gesellschaft kann innere Unruhen in den ehemaligen kommunistischen Staaten und die sich daraus ergebende Gefahr von Kriegen, ja sogar atomarer Verwüstung nicht tatenlos hinnehmen. Entschlossenes Handeln ist längst überfällig, und die Zeit dafür wird knapp.

18. Der politische Kontext

Bücher wie dieses enden fast immer mit dem gleichen Tenor. Nachdem ihre Verfasser definiert haben, was gut und machbar ist, gehen sie davon aus, daß die notwendige Reaktion seitens der Politik, wenn nicht in Kürze, so doch beizeiten folgen wird. Die Menschen erkennen instinktiv, früher oder später, was das Richtige ist. Der Autor hat das Ziel beschrieben, er hat seine Aufgabe erfüllt. Die Umsetzung wird folgen. Diese Zuversicht beflügelt den Autor bei den Mühen seiner Denkarbeit; darin zeigt sich die grundlegende Macht der Ideen, die nach dem berühmtesten Diktum von John Maynard Keynes eine Welt regieren, die von wenig sonst regiert werde.

Solch fragiler Optimismus ist dem Verfasser dieser Zeilen jedoch fremd. Da es im modernen Gemeinwesen zwei Gruppen gibt, deren Macht und Einfluß äußerst ungleich verteilt sind, weist die Demokratie heute schwerwiegende Mängel auf. Auf der einen Seite stehen die Privilegierten, die Begüterten und Reichen einschließlich der Manager und der Kapitaleigner, auf der anderen Seite die gesellschaftlich und wirtschaftlich Benachteiligten und die große Zahl derer, die sich aus Verantwortungsgefühl und Mitleid mit diesen solidarisieren. Es handelt sich offenkundig um einen ungleichen Kampf.

Der entscheidende Schritt zu einer solidarischen Gesellschaft bestünde darin, eine echte und umfassende Demokratie zu verwirklichen. Als ich dies schrieb, wurde in den Vereinigten Staaten eine heftige Debatte über eine Reform des Wohlfahrtssystems geführt; gefordert wurde im Kern eine teilweise Kappung des sozialen Netzes, das die ärmsten Bürger und vor allem deren Kinder schützt. Ohne diese Absicherung wären sie schutzlos Hunger, Krankheiten und Obdachlosigkeit ausgeliefert; ihre Menschenwürde würde mit Füßen getreten.

Die Dinge würden sich nachhaltig bessern, wenn die Unterprivilegierten und Armen regelmäßig zu den Wahlurnen gingen, um ihre Interessen zur Geltung zu bringen. Denn dann würden die Politiker eifrig um ihre Stimmen werben, und sie könnten ihre Grundforderungen wie die nach einer sozialen Mindestsicherung, nach guten staatlichen Schulen, Sozialwohnungen, Freizeiteinrichtungen und vielem anderen mehr durchsetzen. Bei der politischen Wende, die sich im Herbst 1994 in den Vereinigten Staaten vollzog, errangen diejenigen, die nach drastischen Kürzungen der staatlichen Sozialleistungen verlangten, ihren überwältigenden Sieg mit der Unterstützung von weniger als einem Viertel aller Wahlberechtigten, von denen weniger als die Hälfte zu den Urnen gegangen waren. Dies wurde von der Öffentlichkeit und den Medien so mißdeutet, als ob die Wahlsieger den Standpunkt und die Forderungen der Mehrheit vertreten würden. Hätten alle Wahlberechtigten ihre Stimme abgegeben, dann wären das Ergebnis und die Reaktion zweifellos anders ausgefallen. Das Bewußtsein der sozialen Verantwortung für die Armen wäre nachhaltig gestärkt worden.

Daher ist die grundlegende Voraussetzung für die Verwirklichung der solidarischen Gesellschaft ein weit repräsentativerer Ausdruck des demokratischen Willens, denn es gilt, eine wirklich echte, umfassende Demokratie zu schaffen. Im US-Bundesstaat New Jersey waren bei der letzten Gouverneurswahl die der oberen Mittel- und Oberschicht zumutbare Steuerbelastung und das Versprechen von Steuersenkungen die wichtigsten Wahlkampfthemen. Ein hochrangiger und überdurchschnittlich selbstbewußter Politiker erzählte hinterher mit sichtlicher Befriedigung, er habe Geld an die Pastoren der schwarzen Glaubensgemeinschaften verteilt, damit sie ihre armen Gemeindemitglieder nicht dazu ermunterten, zur Wahl zu gehen. Später stellte er zwar in Abrede, was er zunächst so selbstgefällig verkündet hatte – ein wenig glaubhaftes Vorgehen –, aber der Verstoß gegen demokratische Gepflogenheiten war etwas zu offensichtlich. Dennoch lag sein politischer Instinkt völlig richtig. Denn nur wenn die Armen sich an Wahlen beteiligen, erhalten sie die öffentlichen Leistungen, die sie dringend benötigen, werden die hierzu erforderlichen Einnahmen beschafft und wird die Bekämpfung der Armut zu einer allgemeinen politischen Priorität – kurz: nur dann wird ein erster Schritt in Richtung auf die solidarische Gesellschaft getan.

Die Demokratie hat ihre unverzichtbaren Voraussetzungen. Zunächst einmal muß es eine klare Vorstellung über die Ziele geben, denen sich die Mehrheit verpflichtet fühlt oder fühlen sollte, Ziele, die dieser Essay zu definieren versucht hat. Ferner sind Organisationen erforderlich, die die Wähler mobilisieren und Abgeordnete und Präsidenten dazu bringen, sich für diese Ziele einzusetzen. In der jüngsten Vergangenheit sind das Wesen und das Ausmaß dieser Bemühungen erstaunlich deutlich geworden.

Geld, Einfluß und politischer Aktivismus stehen heutzutage weitgehend den Wohlhabenden und Reichen sowie den Sachwaltern der Wirtschaftsinteressen zu Gebote, und dieses Lager zieht zwangsläufig die meisten fähigen Nachwuchspolitiker an. Ihre Ziele werden insbesondere von den Medien tagtäglich mit der öffentlichen Meinung gleichgesetzt. In den Vereinigten Staaten setzt sich die Republikanische Partei eingestandenermaßen für die Interessen der Begüterten ein, deren Einfluß und Reichtum auch viele Mitglieder der Demokratischen Partei in ihren Bann zieht. Das Ergebnis ist – zumindest theoretisch – ein Zweiparteiensystem, in dem beide Parteien ihre Politik an den Bedürfnissen und Wünschen der Wohlsituierten orientieren.

In der solidarischen Gesellschaft darf nicht nur ein Teil der Bevölkerung Macht und Einfluß besitzen. In den Vereinigten Staaten ist die einzige Lösung eine aktivere politische Mitwirkung einer Koalition aus sozial Engagierten und Armen. Und ihr Instrument muß die Demokratische Partei sein, denn dies war ihre traditionelle Rolle in der Vergangenheit und die Quelle ihrer früheren Erfolge. Sie hat sich von jeher für wirkungsvolle staatliche Maßnahmen zugunsten der Unterprivilegierten eingesetzt, wenn diese erforderlich waren. Und sie hat sich der heutzutage verbreiteten Neigung widersetzt, den Staat als eine Last zu betrachten, sofern es um Fürsorgeleistungen für die Armen geht, nicht hingegen, wenn er die Bedürfnisse und Wünsche der Wohlhabenden befriedigt.

»Praktische Gegebenheiten«, so wird behauptet, erforderten eine Politik, die bei den Begüterten Anklang finde. Da die Armen nicht zur Wahl gingen, müsse der kluge Politiker die Wohlsituierten und Reichen umwerben. Die Demokraten wären freilich schlecht beraten, wenn sie dieser Auffassung folgen würden, denn all jene, denen es vor allem darum geht, ihr Einkommen, ihr Kapital und ihre Geschäftsinteressen zu schützen, werden immer die Partei wählen, die sich als entschiedenste Sachwalterin materiellen Wohlstandes andient. Und dies sind und waren von jeher die Republikaner. Die Demokraten haben keine Zukunft, wenn sie sich hier als zweite Wahl profilieren wollen.

Auch ist es relativ unwahrscheinlich, daß in den Vereinigten Staaten eine neue Partei entstehen und auch Erfolg haben wird, obgleich einige Unterprivilegierte darauf in der Vergangenheit ihre Hoffnungen gesetzt hatten. Diese Partei wäre mit einer institutionellen Struktur – dem Zweiparteiensystem – konfrontiert, die weit über hundert Jahre ein festes Merkmal der politischen Ordnung und Kultur der Vereinigten Staaten war und weiterhin sein wird.

In anderen Industriestaaten ist die Lage der Armen insgesamt günstiger. Dort geht eine größere Zahl der Wahlberechtigten zur Stimmabgabe; und einige Staaten wie etwa Australien und Belgien haben auf den beherrschenden politischen Einfluß der Wohlhabenden auf bemerkenswert direkte Weise mit der Einführung der Wahlpflicht reagiert. Ein solcher Schritt wäre in den Vereinigten Staaten undenkbar; vielleicht gehört es zu den unveräußerlichen Grundrechten des Amerikaners, daß er oder sie Wahlen boykottieren darf. Dennoch, das größte Hindernis für die solidarische Gesellschaft ist nicht die Demokratie, sondern die Unvollständigkeit der Demokratie. Nur wenn alle zur Wahl gehen, kann die solidarische Gesellschaft ihre dringendsten Ziele erreichen.

Zweifellos werden die Kritiker, die bis zu den Schlußseiten dieses Buches durchgehalten haben, einmütig erklären, die darin gemachten Vorschläge seien völlig unzeitgemäß. Die Wohlsituierten einschließlich ihrer Fürsprecher in den Medien und in der Politik sitzen fest an den Schalthebeln der Macht. Sie gestalten die politische Wirklichkeit, und daran wird sich auf absehbare Zeit nichts ändern.

Vielleicht doch! Die sozial Engagierten, die Menschen guten Willens und diejenigen, die gegenwärtig keine politische Stimme haben, brauchen sich nur zu einer Koalition zusammenschließen, und schon rückte die solidarische Gesellschaft in greifbare Nähe. Die Reichen wären immer noch reich, die Gutsituierten immer noch gut situiert, aber die Mittellosen wären endlich Teil des politischen Systems. Ihre Bedürfnisse würden vernommen, ebenso die anderen Ziele der solidarischen Gesellschaft. Anwärter auf politische Ämter würden aufmerksam zuhören, denn sie wären auf die Stimmen der Armen angewiesen. So wie es heute beim sozialen Netz, beim Gesundheitswesen, beim Umweltschutz und vor allem bei der Macht des Militärs der Fall ist, scheitert die solidarische Gesellschaft, wenn die Demokratie versagt. In einer echten Demokratie würde der Aufbau einer solidarischen Gesellschaft gelingen – er wäre in gewisser Weise unvermeidlich.

79,95
8/'00